전신
희행

KB192424

전신희행

지은이 | 이해영
초판 발행 | 2023. 8. 16.
등록번호 | 제1988-000080호
등록된 곳 | 서울특별시 용산구 서빙고로65길 38
발행처 | 사단법인 두란노서원
영업부 | 2078-3352   FAX | 080-749-3705
출판부 | 2078-3331

책 값은 뒤표지에 있습니다.
ISBN 978-89-531-4535-1　03230

독자의 의견을 기다립니다.
tpress@duranno.com　　http://www.duranno.com

두란노서원은 바울 사도가 3차 전도여행 때 에베소에서 성령 받은 제자들을 따로 세워 하나님의 말씀으로 양육하
던 장소입니다. 사도행전 19장 8-20절의 정신에 따라 첫째 목회자를 돕는 사역과 평신도를 훈련시키는 사역, 둘째
세계선교(TIM)와 문서선교(단행본잡지) 사역, 셋째 예수문화 및 경배와 찬양 사역, 그리고 가정·상담 사역 등을
감당하고 있습니다. 1980년 12월 22일에 창립된 두란노서원은 주님 오실 때까지 이 사역들을 계속할 것입니다.

온전히 믿고, 기쁘게 행하다

전신희행

全信

喜行

이해영 지음

두란노

차례

2부 · 사랑하라

3부 · 온전하라

4부 · 기도하라

이해영 목사님이 코로나 팬데믹을 지나며 성도들과 함께 나눈 야고보서 설교가 《전신희행》이라는 창의적인 제목으로 출간된 것을 기쁘게 생각합니다. 야고보서는 루터에 의해 지푸라기 서신으로 평가절하된 이후 행위구원론의 교과서로 오해되어 왔습니다. 그러나 진정한 '이신칭의'는 야고보서의 교훈이 없으면 완성되지 않는다는 것이 분명합니다. 이 책은 바울의 '이신칭의' 교리가 야고보의 '이행칭의'에 의해 어떻게 완벽한 복음의 진리로 세움 받는지를 보여 줍니다. 평범한 설교자의 언어를 넘어서는 깊이 있는 주석가의 근면함과 무릎으로 깨닫는 영성가의 섬세함이 더해진 책입니다. 야고보서를 관통하는 중요한 단어에 대하여는 어원적인 분석을 첨가하고, 개인의 삶에 적용이 필요한 부분에서는 다양한 예시와 예화를 통하여 그 진리를 드러냅니다. 각 장에서 제공되는 묵상 포인트는 이 책의 별미입니다. 이 질문들을 통해 자신을 되돌아볼 수 있습니다. 또한 야고보의 영성과 신학이 현대를 살아가는 성도들에게 가감 없이 전달되는 축복을 이 책을 통해 누릴 수 있습니다. 많은 분에게 오랫동안 사랑받고 영향을 미치는 책이 될 수 있으리라 믿고 추천합니다.

_이재훈(온누리교회 담임목사, 한동대학교 이사장)

이해영 목사님은 신약학을 전공하여 요한의 윤리와 관련한 논문으로 박사학위를 받은 신약성경학자다. 온유한 성품의 소유자로 온누리교회를 섬기다가 현재 성민교회를 담임하고 있는 목회자다. 개인적으로는 장로회신학대학교에서 나에게 석·박사 학위 논문을 지도받은 제자이기도 하다.

본서는 총 5장으로 이루어진 야고보서를 '신학적 윤리'의 관점에서 성도들이 알기 쉽게 풀어 그들의 신앙과 삶에 도움을 주고자 쓴 실용적 신앙 서적이다. '신학적 윤리'라 함은 믿음에서 비롯된 행함을 요구하는 신앙적 윤리를 의미하는 것으로, 신약성경의 신학에 뿌리를 두고 있다. 저자는 바울의 믿음에 대한 진술과 야고보의 그것을 대조적이거나 대립적인 것으로 여기지 않는다. 각기 다른 상황에 처한 그리스도인들이 세상에서 '소금과 빛'으로 살아가기 위한 구체적인 방법론의 차이로 본다. 이로써 저자는 야고보서에 서술된 '믿음과 행함'의 관계를 이미 구원받은 그리스도인의 믿음을 전제로 한 행함을 촉구한다는 관점에서 야고보서의 각 단락을 주해하고, 그와 함께 단락마다 '묵상 포인트'를 제시한다. 이로써 이 책은 독자들이 하나님의 말씀을 묵상하고 그 묵상한 바를 자신의 삶으로 옮기는 데 길잡이 역할을 한다.

아무쪼록, 한국 교회에 야고보서의 메시지를 알기 쉽게 알려 주는 '성서신학적 윤리 가이드북'이 나온 것에 대하여 기쁘게 생각하며, 이 책이 독자들에게 많이 읽히고 사랑받기를 바란다.

_장흥길(장로회신학대학교 명예교수)

'소금과 빛'이 되는 구체적인 방법

신약성경에서 야고보서는 가장 수난을 많이 당한 서신서다. 오랫동안 정경에서 빠질 위기를 겪었는데, 무엇보다도 종교개혁 당시 이신칭의(以信稱義)와 마찰을 일으키는 신학을 품고 있는 것처럼 보인다는 오명 때문이었다. 마르틴 루터가 야고보서는 다른 서신들에 비해 그리스도의 죽음과 부활을 직접적으로 언급하지 않는다는 이유로 '지푸라기 서신서'라고 불렀다. 그래서 루터가 편집한 성경에는 야고보서가 빠져 있다.

바울이 '이신칭의'(justification by faith)를 선포했다면, 야고보는 '이행칭의'(justification by works)를 주장했다. 그러나 야고보가 '이행칭의'를 강조한 이유는 교회사에서 바울이 처한 상황과 야고보가 처한 상황이 달랐기 때문이다. 바울은 이신칭의를 통해 사람이 하나님 앞에서 어떻게 의롭게 되는가를 밝혔다면, 야고보는 그렇게 의롭게 된 사람이 어떻게 살아야 하는가를 말했다. 즉 바울은 칭의의 원인이 믿음에 있음을 강조한 것이고, 야고보는 칭의의 결과로서 행위를 강조한 것이다. 그러니 바울의 이신칭의와 야고보의 이행칭의는 결코 대척점에 있지 않으며, 오히려 완벽하게 조화를 이룬다.

성도의 사명은 세상의 '소금과 빛'이 되는 것이다. 예수님의 이 명령에는, 우리가 믿음으로 이미 구원받은 사람이라는 전제가 있다. 이러한 전제 아래서, 야고보는 우리가 구원받았음을 행동으로 보여 줘야 한다고 말하고 있으며 또한 어떤 삶이 신자에게 합당한지를 알려 준다. 따라서 야고보서는 '땅의 소금과 세상의 빛'으로 사는 삶의 구체적인 방법론이다.

야고보는 삶과 신앙에서 위기에 봉착한 성도들에게 크게 세 가지 문제에 대한 응답으로 편지를 써 내려간다. 이것은 오늘을 사는 우리 모두에게도 매우 중요한 질문이자 대답이다.

첫째, 시험을 어떻게 인식할 것인가? 삶에서 만나는 여러 가지 '시험'을 믿음으로 인식하느냐, 자기 욕심에 이끌리느냐에 따라 인생의 향방이 크게 달라진다. 야고보는 시험을 믿음의 시련으로 받아들여서 인내를 낳고 생명에 이르라고 권면한다. 이로써 '인내'가 만들어 가는 '온전한 일'에 주목하게 한다. 이것은 완전한 결과이며 성도의 완벽함이다. 진리의 말씀으로 낳은 바 된 '첫 열매'로서 성도가 어떤 존재인지를 알게 해 주는 놀라운 비전이다.

둘째, 무엇이 참된 믿음인가? 행함 없는 믿음은 죽은 믿음이며 그러한 믿음은 결코 구원에 이르게 할 수 없다. 그렇다고 '믿음'과 '행함'은 서로 갈등하거나 대결하지는 않는다. 이 두 가지는 서로 완벽하게 조화를 이룬다. 진정한 믿음은 반드시 선한 행함을 가져오기 때문이다. 참된 믿음은 하나님의 구원 행동을 반영하는 차별하지 않는 '경건', 심판을 이기는 '긍휼', 화평케 하는 '선한 말과 지혜'로 나타난다. 성도의 믿음은 구체적으로 '온전한 일'을 삶에서 나타내는 행함이 있는 믿음이다.

셋째, 주의 재림을 어떻게 기다릴 것인가? 야고보는 세속적 사고방식과 가치관이 팽배한 현실에서 주의 재림을 기다리는 성도에게 '인내'와 '기도'를 권면한다. 온전함을 바라는 성도의 인내는 주의 재림, 곧 파루시아와 연결되어 있다. 인내의 목표와 이유가 모두 파루시아에 있다. '주의 다시 오심'이라는 신적 시간이 이미 성도의 삶에 들어와

전신희행

있기에 '하나님의 심판'도 이미 그의 삶 속에서 역사하고 있다. 이러한 성도가 드리는 기도는 엘리야와 같이 하늘의 문을 여는 놀라운 권세가 있다. 육체의 병은 물론 영혼을 죽음에서 구하며 허다한 죄를 덮어 주는 구원의 일을 수행한다. 십자가에서 이루신 예수님의 완전한 구원과 심판의 사역에 동참하는 것이다.

'온전히 믿고 기쁨으로 행하는' 전신희행(全信喜行)으로, 복음의 일성(一聲)인 '오직 믿음으로 의롭게 된다'는 이신칭의 진리가 온전히 성취되기를 소망한다. 단순히 윤리적으로 좋은 행실만이 아닌 예수 그리스도께서 이루신 종말론적 하나님 나라의 구원과 심판에 온전히 참여하는 완전한 사람들이 도처에서 많이 일어나기를 간절히 기도한다.

참고로, 본문에 인용한 성경구절은 개역개정 성경에 익숙한 성도들에게 좀 더 새로운 묵상과 성찰에 도움을 주고자 주로 새번역 성경을 사용하였다.

2023년 8월
이해영

1부

기뻐하라

우리 삶을 인도하는 분은 성령님이시다. 그런데 말씀이 "성령의 검"(엡 6:17)이다. 성령님은 무엇보다도 말씀으로 인도하신다. 그래서 말씀이신 성령님의 인도를 받는 사람은 자신에게 주어진 그 자리에서 자연스럽게 사명자로 살아가게 된다.

야고보서에서 믿음과 행함이 갈등 관계에 있는 것처럼 보일 수 있는데 결코 그렇지 않다. 야고보는 형식적인 믿음이 아니라 실천적인 믿음을 강조한다. 결국 '행함'을 강조함으로써 더욱 '믿음'의 진정성을 말하고자 하는 것이다.

전신희행

1장에서는 '시험'에 대해 이야기할 것이다. 우리의 삶은 시험의 연속이다. 하지만 야고보는 시험 앞에서 당황하거나 절망하거나 분노하지 말고, 오히려 기뻐하라고 말한다. 시험을 믿음이 성장하는 통과의례로 여기고 인내한다면, 우리는 어느새 하나님이 요구하시는 수준의 온전함에 도달해 있을 것이다. 그래서 시험의 끝에는 언제나 큰 기쁨이 기다리고 있다.

시험도 축복이 되는 신비

나는 어떤 명함을 갖고 있는가

저자는 자신을 야고보라고 밝힌다. 헬라어로는 '이아코보스'(Ἰάκωβος)이며, 원래 이름은 히브리어 '야-아코브'(יַעֲקֹב) 곧 '야곱'이다. 야고보는 야곱을 존경하는 유대인들에게 흔한 이름으로서 성경에도 여러 명이 등장한다. 열두 제자 중에도 두 명의 야고보가 있다. '큰 야고보'로 불리는 세베대의 아들 야고보와 '작은 야고보'로 불리는 알패오의 아들 야고보다. 그러나 야고보서의 저자는 '주의 형제 야고보', 곧 예수님의 친동생 야고보다(마 13:55).[1]

---

1 주의 동생 야고보는 예수님의 공생애 시절에는 예수님을 그리스도로 믿지 못했다

야고보는 서신을 시작하면서 자신을 "하나님과 주 예수 그리스도의 종"(1:1)이라고 소개한다. 야고보는 예수님의 동생이지만 그것을 권위로 내세우지 않는다. 예루살렘 교회의 지도자라는 자기 위치도 언급하지 않는다. 혈연적 관계나 교회에서 차지하는 특별한 위치를 전혀 밝히지 않고 오직 하나님과의 관계 안에서 자신을 소개한다. 야고보는 또한 자신을 '종'으로 일컬으며 편지를 쓴다. 이것은 이 서신이 자신의 관점이 아니라 오직 하나님과 예수 그리스도의 뜻을 전하는 것임을 밝히는 자기 정체성인 것이다.

우리는 먼저 자신이 누구인지 확인해야 한다. 우리에게는 명함이 너무 많다. 그만큼 자기 수식에 지나치게 민감하다. 성도는 자신의 정체성을 오직 하나님과 그리스도와의 관계 속에서 정립해야 한다. 우리는 새로워져야 한다. 오직 하나님의 말씀과 예수 그리스도의 복음만을 증언하라고

(마 13:55-58; 막 6:3-4). 요한복음에 따르면, 야고보는 예수의 능력을 세상에 알려서 출세하기를 종용하던 세속적 가치관의 소유자였다(요 7:3-5). 그러나 예수님의 부활 후 성령의 감동에 이끌려 전혀 다른 사람이 되었고 베드로가 새로운 교회들을 개척하기 위해 예루살렘을 떠난 후 예루살렘 모교회의 지도자가 되었다. 야고보가 예루살렘 교회의 지도자로 있던 약 20년간은 매우 어려운 시기였는데, 기근으로 인한 극심한 가난이 예루살렘을 덮쳤고 그리스도인들은 예루살렘의 유대 지도자들로부터 날로 심각해지는 박해를 받고 있었다. 그러나 야고보는 이 모든 것을 이겨내고 AD 62년 네로에 의해 순교되기까지 예루살렘 교회의 기둥 같은 지도자로 인정을 받았다.

보냄 받은 순결한 종이라는 명함을 새롭게 작성해야 한다.

야고보는 이 서신을 받는 수신자가 누구인지도 분명하게 밝힌다. 바로 "흩어져 사는 열두 지파"(1:1)[2]다. 여기서 "흩어져 사는"으로 번역된 단어가 '디아스포라'(διασπορά)다. 이 땅을 살아가는 성도들은 모두 천국 고향을 떠나 흩어져 살아가는 이스라엘 백성이다. 우리는 하늘나라에서 이 땅에 파송받은 영적 디아스포라다. '디아스포라'는 먼 곳으로 보내졌다는 뜻뿐만 아니라 박해받고 있다는 의미도 포함한다. 이 땅에 파송받은 우리도 늘 현실이라는 삶에서 여러 가지 영적 박해를 받는 디아스포라다. 그러므로 하나님의 말씀과 그리스도의 복음을 위해 현실 속에서 분투하고 있는 우리 모든 그리스도인이 야고보서의 진짜 수신자들이다.

---

2 야고보가 흩어져 사는 성도들을 '열두 지파'라고 칭한 것은 상징적인 표현이다. 유대주의를 고집하는 것이 아니라 모든 성도가 영적으로 열두 지파라는 뜻이다. 구약의 열두 지파는 신약에서 흩어진 모든 교회와 성도를 상징한다. 예수님은 열두 제자에게 "세상이 새롭게 되어 인자가 자기 영광의 보좌에 앉을 때에 나를 따르는 너희도 열두 보좌에 앉아 이스라엘 열두 지파를 심판하리라"(개역개정 마 19:28)고 말씀하셨다. 신약시대의 열두 지파는 종말적인 부르심과 관련이 있다. 야고보가 성도들을 '열두 지파'라고 말한 것은, 성도인 우리가 지금 종말의 시대를 살고 있다는 관점을 보여 주는 것이다.

전신희행

나에게는 어떤 불순물이 있는가

바울과 같은 신약 서신서의 저자들은 머리말을 쓴 뒤에 보통 하나님께 감사와 함께 수신자들에게 하나님의 섭리를 위한 축복을 전한다. 그러나 야고보서는 곧바로 권면을 시작한다. 그 첫 시작이 바로 '시험'이다. 그만큼 당시 교회가 직면한 현실이 급박한 상황이었음을 짐작하게 한다. 이것이 야고보가 이 편지를 쓰는 핵심 이유이기도 하다. 그렇다면 지금 경제적 절박함이나 영적 갈급함에 처한 우리에게도 절실한 편지가 될 것이다.

성도는 여러 가지 시험에 빠질 수 있다. '여러 가지 시험'은 마치 욥에게 불어닥친 여러 가지 고난과 유사하다. 야고보서에서 언급된 대표적인 시험은 경제적인 위기이지만 그밖에 다양한 형태로 닥치는 힘든 현실을 야고보는 한마디로 '시험'(페이라스모스, πειρασμος)[3]이라고 통칭한다.

이와 같은 시험이 여러 모양으로 닥칠 때 성도는 어떠한 마음과 태도를 가져야 하는가? 야고보는 "더할 나위 없는 기쁨으로 생각"(1:2)하라고 말한다. 그렇다. 그리스도인의

---

3 '페이라스모스'는 '시험'(test), '시련'(trial), '유혹'(temptation)이라는 다양한 의미를 지니고 있다. 여기서 '시험'이란 표현은 '시련'과 '유혹'을 포괄하는 표현이다.

위대함이란 고난의 시험을 기쁨과 즐거움으로 승화시키는 능력에 있다. 이것이 성도가 세상 사람과 구별되는 분명한 차이점이다. 그런데 성도는 왜 고난의 시험을 기쁨으로 승화시켜야 하는 걸까?

"믿음의 시련이 인내를 낳"(1:3)기 때문이다. 야고보는 '시험'을 '믿음의 시련'으로 표현한다. 이유가 뭘까? '시련'으로 번역된 헬라어 '도키미온'(δοκίμιον)은 '정제하다'는 뜻이다. 섞인 것이 없는 순수한 상태, 쇠를 불에 달구어 불순물을 제거하는 '연단'(鍊鍛)을 의미한다. 시험은 우리에게 있는 믿음의 불순물을 제거하는 역할을 하는 '믿음의 시련'이다. 시험은 우리를 고통스럽게 하지만, 그저 고통이기만 한 것이 아니라 그 고통을 통해서 믿음 안에 숨어 있는 불순한 것들을 정화시킨다. 그래서 시험은 시련이자 연단이기에 온전히 기쁨으로 여기는 것이 가능하다.

이렇게 볼 때 시험은 무척 힘든 일이지만 대단히 유익한 것이다. 고난이 없다는 것은 연단이 없다는 말과도 같다. 그래서 고난이 없다는 것은 축복이라기보다 어쩌면 불행이다. 자신을 정제할 수 있는 기회가 없기 때문이다.

깊은 수렁과도 같은 고난의 터널을 지날 때 영혼이 맑아지는 경험을 한 적이 있는가? 이때가 바로 연단되는 상태라고 할 수 있다. 역으로 고난이 없다는 것은 고난받을 만한 성숙함이 없다는 뜻이 될 수도 있다. 그러므로 여러 가지 고난의 시험을 만나고 있는가? 온전히 기쁘게 생각하라. 연단되고 있는 중이기 때문이다. 욥의 고백처럼, "그가 나를 단련하신 후에는 내가 순금같이 되어"(개역개정 욥 23:10) 나올 수 있을 것이다. 이 고통이 지나간 후에는 내가 더욱 정결해지고 새로워질 테니, 시험 앞에서 기뻐함이 마땅하다.

우리는 중요한 전환점을 맞을 때마다 연단을 통과하게 된다. 연단은 하나님이 우리 영혼을 순결하게 만드시는 방법이다. 나도 목회적인 큰 전환이 있을 때마다 연단의 시간을 거쳐야 했다. 이 연단의 시간은 내가 전적으로 하나님을 신뢰하는지를 스스로에게 묻는 시간이었다. 돌아보면, 그 시간이 고통스러웠지만 지금의 목회 방향을 정립하는 데 매우 필요한 훈련이었음을 고백한다.

시험은 믿음을 깨끗하게 정제하는 연단과 같은데 이것이 결국 "인내를 낳는다"(1:3)고 야고보는 강조한다. 이것은 매우 중요한 원리다. 그래서 야고보는 서신의 마지막 메시지에서도 욥의 인내를 다루었다. "보라 인내하는 자를 우리가 복되다 하나니 너희가 욥의 인내를 들었고 주께서 주신

결말을 보았거니와 주는 가장 자비하시고 긍휼히 여기시는 이시니라"(개역개정 5:11). 인내는 가장 자비하고 긍휼하신 하나님께서 시험을 믿음의 시련으로, 곧 연단으로 받은 성도에게 빚어 내시는 고귀한 성품이다. 우리가 흔히 인내를 과정이라고 생각하는데, 실상 인내는 시련의 결과다. 인내는 하나님을 닮은 신적 성품이기 때문이다. 사실상 하나님의 통치를 온전히 인정하면 지금의 고난도 하나님의 계획 안에 있다는 것을 확신하며 인내할 수 있다. 이때 우리는 이 고난이 나에게 어떤 의미인지 묻게 되며, 그런 까닭에 하나님께 더 가까이 가게 된다. 그렇게 고난이 거듭되면 우리 안에 놀라운 신적 성품으로서 인내가 열매로 맺게 된다. 결국 욥처럼 '인내하는 자는 복된' 사람인 것이다.

'온전한 일'이란 무엇인가

인내는 시험을 믿음의 연단으로 받은 성도들에게 주어진 고귀한 신적 성품이라고 했다. 어떻게 그렇게 말할 수 있는가? 4절에 그 이유가 있다.

야고보는 "인내를 온전히 이루라"(개역개정 1:4) 말한다.

전신희행

이 말은 '끝까지 잘 참고 견디라'는 의미로 들리지만 직역하면 '인내가 온전한 일을 얻게 하라'는 뜻으로서[4] 인내가 '온전한 일'을 형성할 수 있다는 의미를 전해준다. 인내는 뚜렷한 목표를 지향하고 있다는 것이다. 그렇다면 '온전한 일'(에르곤 텔레이온, ἔργον τέλειον)이란 무엇인가? '완전한 결과'를 말한다. 곧 '인내가 완전한 결과를 얻게 하라'는 의미다. 인내가 없이는 온전한 일이 이루어질 수 없다는 것이며, 온전한 일, 완전한 결과는 인내를 전제로 한다는 것이다. 그렇다면 '완전한 결과'는 도대체 무엇일까?

"온전하고 구비하여 조금도 부족함이 없게 하려 함이라"(개역개정 1:4). 야고보는 인내가 온전한 일을 이룰 때 그것이 무엇인지 잘 알고 있다. 그것은 한마디로 성도의 완벽함이다. 야고보는 성도의 완벽함을 다음의 세 가지 '온전하고' '구비하고' '조금도 부족함이 없는' 상태라고 반복해서 강조하고 있다. 시험에서 시작한 신앙은 결국 성도의 완전함에 도달하는 것이다. 성도에게 닥치는 고난의 시험은 인내를 통하여 성도의 완벽함을 가져온다는 놀라운 메시지다.

---

4 NASB는 "let endurance have [its] perfect result"로 번역했고, KJV는 "let patience have her perfect work"로 번역했다.

물론 이것은 인간에게 완전성을 기대하거나 그것을 목표로 하지 않는다. 칭의가 그러하듯이 이 완전성은 하나님으로부터 주어지는 것이다. 성도의 완전함은 스스로 얻는 것이 아니라 하나님의 완전함을 반영하는 것이며 대리하는 것으로 이루어질 수 있다. 이 구체적인 의미가 마지막 장에서 다시 한번 확인될 것이다.

야고보는 '온전한'이라는 단어를 자주 언급한다. 히브리어 '타밈'(תָּמִים)의 번역으로서 하나님의 온전하심을 묘사하는 표현이다. 그래서 '온전함'이란 하나님의 성품이자 본성이다(시 18:25, 마 5:48). 예수님이 십자가 위에서 운명하시기 직전에 "다 이루었다"(테텔레스타이, τετέλεσται, 요 19:30)고 말씀하셨다. 이 말의 원형이 바로 '텔레오'(τελέω)로 '온전하다'는 뜻이다. 성도의 모토는 이 땅에서 착하게 사는 것이 아니다. '온전하라'는 권면은 단순한 윤리적 명령이 아니라, 내 안에 온전하신 하나님의 성품을 만들어서 심판자로서의 소금과 구원자로서의 빛의 역할을 대행하라는 뜻이다. 그런데 인내가 바로 이러한 온전한 성품을 만들어 낸다. 그래서 인내는 "조금도 부족함이 없이 완전하고 성숙한 사람"(1:4)을 만들어 가는 신적 성품인 것이다.

앞에서 연단은 우리를 순금으로 만드는 과정이라고 했

다. 연단을 통해 열매 맺은 인내가 순금으로 비유되는 온전함을 만들어 가는 것이다. 그런데 온전함은 온전하신 하나님으로부터만 온다. 따라서 우리 영혼이 순수하게 하나님만을 바랄 때 이뤄지는 것이다. 다윗처럼 주님만을 최우선으로 갈망할 때, 비로소 나의 영혼은 하나님이 임재하실 수 있는 성전이 되어 온전함으로 나아갈 수 있는 것이다. 그러면 비로소 내 안에서 일하시는 예수님의 심판과 구원을 이뤄 나가게 된다.

연단은 필수과목이다

우리가 신적 성품의 온전함에 도달한다니! 이런 판타지 같은 일이 어떻게 가능할까? 야고보는 "누구든지 지혜가 부족하거든, 모든 사람에게 아낌없이 주시고 나무라지 않으시는 하나님께 구하십시오. 그리하면 받을 것입니다"(1:5)라고 말한다. 하나님의 현존 앞에 선 사람은 온전함을 향하고 그것을 추구하지 않을 수 없게 된다. 온전함에 이른다는 건 사실 인간에게는 불가능하다. 그것은 공부를 통해 쌓는 지식이 아니라 하나님으로부터 오는 지혜로써 말미암는다.

그래도 과연 이게 가능한 것인지 되묻지 않을 수 없다. 그래서 야고보는 "조금도 의심하지 말고, 믿고 구해야"(1:6) 한다고 말한다. 결국 야고보는 처음부터 믿음을 전제한다. 야고보의 이행칭의는 결코 이신칭의를 반대하는 게 아니라, 믿는다는 전제 안에서 행위를 강조한 것이다. 온전함은 오직 믿음으로만 얻는 신적 지혜로써 가능하다. 전적으로 믿음의 기초 위에서 행위를 강조한 것이지, 믿음보다 행위를 더 강조한 것이 아니다.

그러므로 믿음의 반대는 불신이 아니라 '의심'이다. 우리는 의심을 단순히 믿음의 부족이라고 생각한다. 그러나 사탄은 바보가 아니다. 사탄은 언제나 우리의 반신반의하는 마음을 미혹하기 때문에, 믿음의 반대는 의심이 된다. 그래서 "의심하는 사람은 마치 바람에 밀려서 출렁이는 바다 물결"(1:6) 같다. 의심하는 사람을 향해 야고보는 "주님께로부터 아무것도 받을 생각을 하지 마십시오"(1:7) 하고 단호하게 말하며, 그런 사람은 "두 마음을 품은 사람이요, 그의 모든 행동에는 안정이 없습니다"(1:8)라고 단언한다.

그렇다면 우리는 왜 거듭 의심하는가? 삶의 현실 때문이다.

삶의 현실, 야고보는 대표적으로 부와 가난의 문제를 제시한다. 앞으로 야고보가 몇 번 더 다룰 문제다. 우리가 사는 현실은 대체로 경제적 측면에 의해 크게 좌우된다.

야고보는 다른 주제를 말하는 것 같지만, 다시 처음 문제(시험)로 돌아가고 있다. 야고보는 선명하게 두 부류의 사람을 제시한다(1:9-11). '비천한 신도'와 '부자'다. 이것은 성도가 만나는 사회, 경제적인 형편을 알려 준다. 야고보는 이 두 형제에게 동일한 형식으로 권면한다. "비천한 신도는 자기가 높아지게 된 것을 자랑하십시오"(1:9), "부자는 자기가 낮아지게 된 것을 자랑하십시오"(1:10)라고 말한다.

연단이 순금을 만든다면, 그래서 우리의 믿음이 순전해진다면, 결코 두 마음을 품을 수 없게 된다. 오직 하나님을 향해 한마음만 품기 때문에 고난이 파도처럼 밀려와도 흔들리지 않을 수 있다. 그러니 연단으로 온전해져 가는 사람은 점점 더 그 믿음이 단단해져 간다. 각자 지나온 과거를 돌아보자. 연단이 없었다면 과연 지금 내가 이렇게 하나님을 찾고 있을까?

야고보가 말하는 '부자'란 그런 연단을 경험하지 못한 사람이다. 단순히 돈이 많은 것만을 의미하지 않는다. 낮은 곳에 처한 적도 없고 그 처지를 이해하지도 못하는 사람이다. 질병으로 고통당해 보면 병자들의 아픔을 이해하게 되고,

파산을 경험해 보면 실패자의 고통을 헤아리게 된다. 그래서 시험은 아쉬울 것이 없는 사람이 곤경에 처한 사람에 대해 긍휼한 마음을 갖게 만드는 장치이기도 하다. 야고보가 비천에 처해 본 성도, 곧 '비천한 신자'에게 "자기가 높아지게 된 것을 자랑하십시오"(1:9) 한 것도 이런 맥락에서다. '비천한 신자'는 단순히 돈이 없어 가난한 자를 말하는 것이 아니라, 경제적 궁핍이라는 시험을 믿음의 시련으로 여기며 연단을 받는 성도를 의미한다. 그는 비천한 상황 중에도 믿음을 따르는 연단으로 인하여 진정한 축복을 잃지 않는다. 곧 예수 그리스도를 믿음으로써 하나님의 자녀와 그리스도의 형제라는 신분을 갖게 되기 때문이다. 그는 이 높아진 신분을 감사하고 자랑할 것이다.

그렇다면 부자는 "자기가 낮아지게 된 것을 자랑"(1:10)해야 한다. 그렇지 않으면 "해가 떠서 뜨거운 열을 뿜으면, 풀은 마르고 꽃은 떨어져서, 그 아름다운 모습"이 사라지는데 "이와 같이, 부자도 자기 일에 골몰하는 동안에 시들어"(1:11) 버릴 뿐이기 때문이다. 그러나 부자가 비천한 자리, 곧 하나님 앞에서 죄악된 자신의 보잘 것 없는 실체를 직시하는 '영적 낮음'의 자리에 떨어져서 하나님의 은혜를 접하게 되면 그는 그리스도의 십자가, 즉 신(神)이 가장 낮은 자리를 택하신 것을 깨달아 자신을 하나님의 종이라고 말하게 된다.

부자가 십자가를 통해 낮아짐을 경험했다면, 그것이야말로 축복이다. 이 낮아짐이 예수님의 다스림과 연결되기 때문이다. 결국 연단은 예수님의 통치에 참여하는 성도들이 이수해야 하는 필수과목이다.

반석과 모래의 차이점

시험을 연단으로 여긴다면, 시험의 시련은 내 안에 하나님의 신적 성품이 자라나게 한다. 그래서 시험은 오히려 놀라운 성숙을 이루어 내니, 이 얼마나 신비로운 과정인가. 그렇게 참고 시련을 견디어 낸 사람은 "생명의 면류관"(1:12)을 받는다. 시험이 단순히 힘든 역경이 아니라 축복이 되는 것은 '하나님을 사랑하는 사람들에게 생명의 면류관이 약속되었기'(1:12) 때문이다. 그러니 우리는 시험 앞에서 기뻐하지 않을 수 없다.

요한계시록으로 가보자. 일곱 교회 가운데 두 번째 서머나 교회가 받은 시험은 '감옥에 투옥되는'(계 2:10) 고난이다. 그런데도 예수님은 "너희는 열흘 동안 환난을 당할 것이다. 죽도록 충성하여라"(계 2:10) 명하신다. 그리고 그 대가로 약속하신 상이 바로 "생명의 면류관"(계 2:10)이다. '생명의 면류관'은 시험 앞에서 당황하지 않고 인내하여 죽도록 충성할 때 받는 것이다. 이렇게 시험을 인내로 이겨 낼 때 하나님께 '인정받는'다. 그래서 예수님은 "장차 받을 고난을 두려워하지 말아라"(계 2:10) 하셨다. 고난 끝에는 고난과 비교할 수 없는 큰 축복이 있기 때문이다.

마태복음의 산상수훈에서 예수님이 복 있는 사람에 대한 팔복을 가르치신 후에 말씀하신 첫 번째 키워드가 '땅의 소금'(마 5:13)과 '세상의 빛'(마 5:14)이다[5]. 그리고 산상수훈을 마무리하는 마지막 비유가 '반석 위에 지은 집'(마 7:24)과 '모래 위에 지은 집'(마 7:26)의 대비다. 여기서 간과하면 안 되는 것이 있는데, 두 집 모두 '비가 내리고, 홍수가 나고, 바람이 부는'(마 7:25, 27) 고난을 피할 수 없었다는 점이다. 고난은 누구에게나 온다. 그러나 반석 위에 있는 성도는 "듣고 그대로 행하는 사람"(마 7:24)이기에 고난을 극복하

---

5 우리는 보통 '너희는 세상의 소금과 빛'이라고 표현하지만, 성경 원문은 구별해서 표현하고 있다. 예수님은 소금에 관하여는 '땅의 소금'(the salt of the earth), 빛에 관하여는 '세상의 빛'(the light of the world)이라고 말씀하셨다(마 5:13-14).

전신희행

고 무너지지 않는 축복이 되었지만, 모래 위에 있는 사람은 "나의 이 말을 듣고서도 그대로 행하지 않는 사람"(마 7:26)이기에 고난으로 인하여 무너질 수밖에 없는 심판이 되었다.

성경은 결코 성도에게는 고난이 없다거나 복을 받으면 고난을 피할 수 있다고 말하지 않는다. 복 있는 자란 고난을 맞닥뜨려도 결코 흔들리지 않는 '견고한' 사람이다. 그가 '듣고 행하기' 때문이다. 이 점이 반석 위에 집을 지은 사람과 모래 위에 집을 지은 사람의 차이다. 이러한 맥락에서 야고보서는 마태복음과 같은 신학, 같은 영성을 공유하는 형제지간이다.

관례적인 인사말도 생략하고 바로 시험이라는 주제로 들어간 야고보는 시험 앞에서 기뻐하라는 말부터 했다. 성경은 일관되게 시련과 연단을 축복과 연결하고 있다. 실제로 내 곁에는 고난 가운데서도 기뻐하는 성도들이 많이 있다. 몇 년간 질병으로 걷지 못한 어느 집사님은 집 밖을 못 나가게 되자 말씀을 통해 하나님과 깊은 교제를 체험하게 되었는데, 성령님이 부어 주시는 기쁨이 너무나 커서 장애나 경제적 문제로 인한 두려움을 덮고도 남는다고 했다. 그러면서 그 이전으로 결코 돌아가고 싶지 않다고 했다. 나는 이것이 진실한 고백이라는 것을 안다. 그의 목소리는 누구보다도 기쁨으로 가득하고 그의 표정은 누구보다도 평안으로 가득하기 때문이다.

집사님의 말은 《지선아 사랑해》를 쓴 이지선 교수를 떠오르게 한다. 그는 스물세 살 때 당한 교통사고로 마흔 번이 넘는 수술과 화상으로 인한 고통 속에서 하나님을 원망하며 죽고만 싶었지만, 지금은 그로 인해 하나님과 깊이 만난 행복을 그 무엇과도 바꿀 수 없기에 진심으로 사고 이전으로 돌아가고 싶지 않다고 말한다. 그만큼 하나님 나라가 내 안에 임재할 때 누리는 기쁨은 무엇과도 비교할 수 없는 행복이다. 이것이 바로 연단으로 정화된 영혼 안에서만 이뤄지는 진짜 축복이다.

그런데 시험이 어떤 이들에게는 부정적인 결과를 낳는다. 같은 시험인데 왜 어떤 이에게는 연단이 되고 어떤 이에게는 유혹이나 절망이 될까? 반석 위에 집을 지은 사람은 시험에 대하여 '믿음'으로 응답했지만(듣고 행함), 모래 위에 집을 지은 사람은 같은 시험인데도 '의심'으로 응답했기(듣지만 행치 않음) 때문이다.

반석과 모래의 차이점은 분명하다. 반석은 '믿음'이며, 전적으로 하나님을 신뢰한다. 그러나 모래는 '의심'이며, 하나님을 의심한다. 우리는 "시험을 당할 때에, 아무도 '내가

하나님께 시험을 당하고 있다' 하고 말하지"(1:13) 않아야 한
다. 하나님은 "악에게 시험을 받지도 않으시고, 또 시험하
지도 않으"(1:13)시기 때문이다. 여기서 '시험'을 뜻하는 단
어가 네 번이나 반복되었다. 이는 마치 "하늘의 네 바람"(개
역개정 단 7:2)이 불어오는 것처럼 전방위적이며 예외 없이 모
든 피조 세계에 해당된다는 의미처럼 강조되었다.

사실상 모든 사람이 시험에 직면한다. 누구나 한 번쯤
은 곤경에 빠지거나 실패를 경험하는데, 그것이 자기 실수
가 되었든 누군가의 문제로 야기되었든 간에, 그 결과 심각
한 손해를 입으면 우리는 그 책임을 누군가에게 돌리고 싶
어 한다. 더 나아가 하나님을 원망하기도 한다. 사람들은
보통 책임과 원인을 자신에게서 찾지 않으려고 한다. 그래
서 야고보는 하나님께서는 누구도 시험하지 않으신다고 못
박은 것이다.

시험의 두 가지 얼굴

앞에서 시험이 오면 온전히 기쁘게 여기라 했는데 그렇
다면 왜 시험이 하나님으로부터 온 것이 아니라고 말할까?

"오직 각 사람이 시험을 받는 것은 자기 욕심에 끌려 미혹[6]"(개역개정 1:14)된 것이기 때문이다.

여기서 시험에 대한 또 하나의 의미가 나온다. 시험에는 미혹하고 유혹하는 속성이 있다. 야고보는 두 가지 동사 '이끌다'와 '미혹하다'를 모두 수동태로 써서, 우리가 어떻게 욕망(욕심)의 손짓에 홀려서 유혹에 걸려드는지 묘사한다. 우리는 각자의 욕망 때문에 미끼에 유혹되어 스스로 덫에 들어가는 것이다.

죄를 짓고 싶어 하는 욕망이 실은 우리 마음 안에 있다. 그렇게 "욕심이 잉태하면 죄를 낳고, 죄가 자라면 죽음을 낳[7]"(1:15)게 된다. 야고보는 우리 안에 일어나는 죄의 경향성이 어떻게 진전하는지 생물학적인 그림으로 설명해 주고 있다. 욕망은 '죄'라는 자녀를 낳는다. 그런데 작은 죄라도 그 상태로 머물지 않고 성장하여 죄의 목표인 사망을 향해 끊임없이 자라 간다.

---

6 여기서 욕심에 '이끌리다'라고 할 때, '밖으로 끌어내다'는 뜻의 동사 '엑셀코'(ἐξέλκω)가 수동태로 쓰였다. 또 '미혹하다'는 동사 '델레아조'(δελεάζω)는 낚시꾼이나 사냥꾼이 미끼로 목표물을 유인할 때 쓰는 단어로서 역시 수동태로 쓰였다.

7 '욕심'으로 번역된 '에피뒤미아'(ἐπιθυμία)는 '~을 향하여'란 의미의 전치사 '에피'(ἐπι)와 '열망', '뜨거운 감정'이란 뜻의 '뒤모스'(θυμός)의 합성어로, 어떤 특정한 대상에 대하여 갖게 되는 '갈망', '욕망'이라는 매우 강한 뜻을 지닌다. 이는 여성형 추상명사로서 야고보는 이것을 출산 모티브로 비유하여 그림 언어로 나타내었다.

영화 〈에이리언〉(1979년)의 첫 장면에는 "때로는 가장 무서운 건 내부에 있다"(Sometimes the scariest things come from within)라는 카피가 나온다. '에이리언 시리즈'는 영화사(史)에서 입지전적인 SF 영화로 기억되는데, 실은 리들리 스콧 감독이 기독교적인 개념과 배경을 대거 차용하여 죄가 죄를 낳는 원리를 충격적인 이미지로 형상화한 작품이다. 영생을 얻으려는 인간의 욕망이 악마적이고 파괴적인 본성과 결합하여 씨를 뿌리고 잉태되어 자라다가 결국 인간 스스로를 파멸로 이끌 수 있다는 경고를 담고 있다. 에이리언은 인간의 어두운 본성을 '우주 괴물'로 타자화한 상징물인 것이다. 성도도 마음에 욕심을 품고 죄를 키우면 결국 사망을 낳는다. 교회도 세속적 파행을 계속해서 숨겨 두면 충격적인 괴물이 될 수 있다.

시험(페이라스모스)은 두 얼굴을 가진 고난이다. 그래서 우리는 강한 군사로 훈련받아야 한다. 좋은 시험이 있고 나쁜 시험이 있는 것이 아니라, 시험 앞에서 내가 어떻게 반응하느냐에 따라 시험의 성격이 달라질 뿐이다. 시험 자체가 좋고 나쁜 것이 아니라, 시험에 대한 의미가 내 안에서 결정되는 것이다. 시험을 인내로 이겨 내면 큰 복을 받지만, 시험으로 인하여 하나님을 원망하면 결국 시험은 화가 된다.

이것이 시험이 갖는 이중적인 원리다. 시험이 어떤 이에게는 믿음의 연단이 되어 인내라는 성품을 빚어 내는 반면, 어떤 이에게는 자기 욕심을 휘두르는 유혹의 기회가 되어 죄와 사망으로 이끌리게 된다. 신자나 불신자나 모두 같은 재난을 당하지만, 우리 믿음의 기초가 어떠한가에 따라 그 결과는 크게 달라진다.

시험에 맞닥뜨렸을 때 하나님을 믿고 의지하여 그것을 믿음의 연단으로 여기지 않는다면, 그 시험은 다른 의지할 대상을 찾도록 유인하는 유혹이 된다. 나의 욕심을 위해 시험을 인간적인 방식으로 극복하다 보면 유혹에 빠지게 된다. 그 결과 더 어려운 상황에 처하게 되고, 그러면 타인에게 책임을 묻다가 결국 하나님까지 원망하게 된다.

어려운 일 앞에서 나도 모르게 하나님부터 원망하지 않는가? 사실 잘 생각해 보면, 나의 숨겨진 욕심에서 비롯된 분별없음, 사람으로부터 인정받으려는 자기 욕구가 시험을 초래하는 경우가 많다. 이럴 때는 다윗처럼 바로 하나님께 엎드려 회개하고 은혜를 구해야 한다(시 51:17). 그러면 시험은 나의 죄를 깨달아 제거하도록 하는 회개의 기회가 된다. 반대로 욥처럼 이유 없이 당하는 시험 앞에서는 "주신 이도 여호와시요 거두신 이도 여호와시오니"(개역개정 욥 1:21)라

전신희행

는 절대적인 신뢰로 잠잠히 하나님만을 바라는 것이 시험을 지혜롭게 통과하는 길이다.

이제 묘한 사이클이 보인다. 앞서 시험을 견뎌내는 사람은 생명의 면류관을 받기 때문에 복되다고 했다(1:12). 시험을 믿음의 연단으로 받아 인내를 만들어 내면 생명의 면류관을 받는다. 반면 시험을 욕심으로 극복하려고 하면 죄의 열매를 맺어 사망에 이른다. 결국 시험 앞에서 나의 욕심을 좇으면 '**시험=미혹→죄악→사망**'이라는 도식이 산출되지만, 같은 시험일지라도 믿음으로 역전의 하나님을 신뢰하면 '**시험=시련→인내→생명**'이라는 길을 가게 된다. 시험을 잘 통과해서 생명의 면류관을 받아야 하지 않겠는가!

묵상 포인트

1. 성도는 하늘나라 시민이지만 이 땅에서 사명자로 살아가는 '디아스포라'이자 영적 나그네다. 나는 사명자로서 구체적으로 어떤 목적을 갖고 사는지 생각해 보자.

2. 야고보는 시험 앞에서 기뻐하라고 명한다. 시험을 당했을 때 원망만 하다가 후회한 적이 있는가? 아니면 인내하고 연단의 과정을 거쳐 좋은 결과를 맺은 적이 있는가? 두 가지 경우를 모두 떠올려 보자.

3. 시련은 금을 제련해서 불순물을 제거하고 순금을 만드는 연단의 과정이다. 나는 어떤 고난을 통해 연단을 받았는지 이야기해 보자.

4. 사탄은 의심하는 마음을 이용한다. 에덴동산에서 뱀이 여자를 미혹할 때도 의심을 불러일으켜서 성공했다. 의심하는 마음 때문에 성령님이 인도하시는 길에서 주저한 적이 있는지 이야기해 보자.

5. 나는 반석 위에 집을 지었는가, 아니면 모래 위에 집을 지었는가? 왜 그렇게 생각하는지 이야기해 보자.

6. 고난은 신자와 불신자에게 똑같이 온다. 문제가 생겼을 때 그 해결을 자신의 욕심을 따라 인간적인 방법으로 하는 경우가 있고, 성령님의 인도하심을 따르는 경우가 있다. 나는 믿음의 원리를 따라 지금 어떻게 하는지 생각해 보자.

유혹을 거부할 수 있는 힘

속지 말고 거부하라!

시험이 축복으로 변하는 영적 원리를 깨닫자. 야고보가 "속지 말라"(개역개정 1:16)고 경고한 것은 우리가 지금 속을 수 있다는 뜻이다. 무엇에 속는가? 만약 복 있는 사람에게는 홍수나 비바람 같은 고난이 덜 온다고 생각한다면, 그 또한 속고 있는 것이다. 시험은 신자와 불신자 모두에게 닥친다. 성도가 그것을 연단의 과정으로 받아들일 때 인내의 열매를 맺어 생명을 누리게 된다. 이 놀라운 신비를 알아야 속지 않을 수 있다.

'속다'로 번역된 동사 '플라나오'(πλανάω)는 '길을 잃게 하다'는 뜻으로 진리에서 멀어지게 한다는 의미를 함의한다.

여기서도 수동태로 쓰였다. 야고보는 유혹하는 자와 속이는 자에 초점을 두기보다, 우리 자신이 유혹을 '당하지 말아야' 하며 나 스스로 속지 말아야 한다는 점을 강조한다. 유혹을 거절하라는 뜻이다. 우리는 곧잘 시험에 들었다는 말을 하는데, 반대로 우리는 시험을 적극적으로 거부해야 한다.

하지만 어떤 사람은 시험이 오면 쉽사리 받을 뿐만 아니라 오히려 마음속에서 곱씹으며 더욱 움켜쥔다. 고통스러워하면서도 거듭 꺼내어 보면서 계속해서 분노와 증오를 키워 간다. 그러는 동안 점점 더 죄로 물들어 가기에 결코 샬롬을 누릴 수 없다. 성도는 그리스도의 형상을 낳는 자인데, 반대로 내 안에 악한 죄악을 만들어 가는 것이다. 그렇게 흉측한 괴물을 낳을 수 있다.

하용조 목사님은 자주 "시험이 오면 받지 마세요"라고 하면서 시험 앞에서 "노, 땡큐!" 하면 된다고 말씀하셨다. 어떻게 이렇게 단순할 수 있을까? 한 가지 기준만 갖고 있으면 된다. 바로 하나님은 사람에게 시험을 보내시는 분이 아니라 우리에게 좋은 것을 보내시는 분이라는 것을 믿는 것이다. 이 기준이 많은 것을 바꿔 놓는다.

전신희행

사탄에게 속지 않는 길

'시험'은 이 땅을 살아가는 우리의 현실을 한마디로 요약한 단어다. 시험을 믿음으로 인내하면 결국 생명에 이르지만, 자기 욕심과 욕망으로 붙들면 죄를 낳아 사망에 이른다. 시험을 유혹으로 받지 않고 훈련의 과정과 인내의 기회로 삼으면 놀라운 성령의 은사가 주어지기 때문에, 결국 시험을 견디고 통과한 사람은 복을 받게(1:12) 된다. 그래서 야고보는 속지 말라고 말한다. 사탄은 시험을 통해 우리를 낙심케 하고 남을 원망하게 만들어서 급기야 하나님을 대적하게 만들기 때문이다. 야고보는 시험을 오직 고통과 괴로움으로만 여기도록 하는 마귀의 속임수에 넘어가지 말아야 시험을 통해 연단을 받고, 신적 성품을 맺어 갈 수 있다고 말하는 것이다.

요셉의 이야기를 떠올려 보자. 형제들에게 요셉의 시험은 저주인가 축복인가? 베냐민의 자루에서 은잔이 나왔을 때 형제들은 베냐민을 버리고 고향으로 돌아가지 않았다. 오히려 베냐민과 함께 애굽에 남기로 결심했다. 요셉을 도단의 상인들에게 팔아넘겼을 때와는 전혀 다른 모습이다. 유다가 베냐민의 죗값을 대신하겠다는 희생을 결단하자,

은잔 시험은 저주가 아니라 축복으로 변했다. 요셉의 형제들은 당장의 기근을 견딜 수 있는 양식을 구한 정도가 아니라, 가족 모두가 앞으로 닥칠 오랜 기근에도 아무 걱정 없이 풍성하게 지낼 수 있는 축복을 얻었다.

시험을 이기적인 욕망으로 대처하면 당장은 살 것처럼 보여도 결국에는 사망에 이른다. 그러나 유다처럼 시험 앞에서도 인내하면 생명을 얻게 된다. 유다가 이기적인 욕망으로 베냐민을 버려두고 홀로 고향으로 돌아갔다면, 그는 남은 기근 동안 가족을 구하지 못했을 것이다. 그래서 '속지 말라'는 것이다. 사탄은 은잔 시험이 내게는 억울한 일이며 나와는 무관한 일이라고 겁을 주면서 요셉의 형제들에게 희생하지 말고 고향으로 돌아가라고 부추긴다. 그러니 우리는 베냐민의 은잔과 같은 시험 앞에서 사탄의 속삭임을 단호히 거절해야 한다.

나쁜 시험이 있고 좋은 시험이 있는 것이 아니다. 시험을 욕망으로 대응하느냐 믿음으로 인내하느냐에 따라 그 결과가 사망과 생명으로 갈라지는 것이다. 눈에 보이는 외부적인 요인에 속으면 안 된다. 당장은 이기적인 욕망을 선택해야 죽지 않을 것 같지만, 눈에 보이는 그것에 속지 말아야 한다.

전신희행

하나님은 우리에게 시험을 주시는 분도 아니며 우리를 미혹에 빠지게 하시는 분도 아니다. 오히려 우리에게 놀라운 능력을 주시는 분이다. "온갖 좋은 선물(도시스, δόσις)과 모든 완전한 은사(도레아, δωρεα)는 위에서, 곧 빛들을 지으신 아버지께로부터"(1:17) 내려온다[8]. 진실로 이 한 가지를 안다면, 우리는 더 이상 시시한 데 마음을 빼앗기지 않게 된다.

하나님은 우리에게 '완전한'(텔레이오스, τέλειος) 은사를 주시는 분이다. 이 사실 때문에 우리는 시험을 충분히 거부할 수 있다. 좋은 선물은 모두 하나님으로부터 오는 것이지, 내가 열심히 노력해서 얻는 것이 아니다.

이 선물들은 '위에서' 내려오는데, 이때 쓰인 헬라어 '아노덴'(ανωθεν)[9]은 바로 예수님이 니고데모에게 "누구든지 다시(위로부터) 나지 않으면, 하나님 나라를 볼 수 없다"(요 3:3)고 말씀하실 때 쓰인 단어다. '아노덴'에는 '하나님으로부터'라는 의미가 내포되어 있다. 모든 것은 하나님으로부터

---

8 새번역 성경은 '도시스'와 '도레아'를 각각 '선물'과 '은사'로 번역했고, 개역개정은 그 반대로 번역했다. 이처럼 두 단어는 거의 동의어로 사용된다. 다만 '도시스'는 주로 행위에 보다 큰 강조점이 있고, '도레아'는 주어진 결과에 보다 큰 강조점이 있다.

9 헬라어 '아노덴'(ανωθεν)은 '위'(ανω)와 '-로부터'(-θεν)가 합쳐져 '위로부터'(또는 '태초부터', '북쪽에서', '처음으로 돌아가')라는 뜻이다.

비롯되는 것이며, 믿음도 하나님이 주시는 것이다. 즉 믿음으로 거듭난다는 것은 위에서 내려오는 성령에 의해 '다시' 태어나는 것이다. 따라서 야고보가 말하는 온갖 선물은 성령과 관련된다.

예수님은 "너희가 악할지라도 너희 자녀에게 좋은 것들을 줄 줄 알거든, 하물며 하늘에 계신 아버지께서야 구하는 사람에게 성령을 주시지 않겠느냐?"(눅 11:13)고 하셨다. 위로부터 오는 좋은 것은, 한마디로 '성령'이다. "예수 그리스도의 이름으로 세례를 받고 죄 사함을 받으라 그리하면 성령의 선물(도레아)을 받으리니"(개역개정 행 2:38). 성령이 곧 하나님의 선물이다.

내가 받은 하나님의 선물이 얼마나 크고 귀한 것인지를 깨닫는다면 더 이상 사탄에게 속아서 아무것도 아닌 것에 나의 살롬을 빼앗기지는 않을 것이다.

'첫 열매'란 무엇인가

앞에서 욕심이 죄를 낳는다(1:15)는 것과 대조하기 위해 거듭 '출산'의 비유가 이어진다. 하나님이 '우리를 낳으셨다'(1:18)는 신적 출생의 비밀이 밝혀진다. 하나님은 무엇으로 우리를 낳으셨는가? "진리의 말씀"(1:18)으로 낳으셨다. 즉 예수 그리스도의 복음으로 우리를 자녀 삼으신 것이다.

또한 성령은 진리의 영이시며, 진리의 말씀이다. 하나님은 성령의 세례로 우리를 다시 태어나게 하셨다. 하나님은 우리를 이렇게 구속하신 것이다. 그런데 이 구속과 구원에는 목적이 있다. 출애굽은 해방 자체가 목적이 아니라 하나님 나라로 향하는 거룩한 여정의 시작이다. 우리가 예수님의 십자가 보혈로 죄의 노예 신분에서 해방된 것은, 해방 자체가 최종 목적이 아니라 우리 안에 하나님 나라가 임하는 여정이 시작된 것이다.

이처럼 하나님이 우리를 낳으셨다는 것, 즉 우리 죄를 대속하고 출애굽시키신 이유는, 우리로 하여금 "첫 열매'(아파르케, ἀπαρχή)(1:18)가 되게 하시려는 것이다. '첫 열매'가 되는 것이 바로 우리가 구원받은 목적이자 신앙 여정에서 추구해야 하는 비전이다. '첫 열매'가 된다는 것은 죄와 사망에서 구원받은 그리스도인이 된다는 것인데, 단순히 죽으면 천국 가는 티켓을 얻는 결과론적인 의미가 아니다. '첫 열매'라는 것은 끊임없이 행동하고 움직이는 역동적인 사명과 사역을 동반하는 개념이다. 그래서 이 열매는 또 다른 열매를 바라며, 결실케 하는 역동하는 생명력이다. 첫 열매가 된다는 것은 요셉을 향한 야곱의 축복처럼 "그 가지가 담을 넘"(개역개정 창 49:22)어 수많은 열매를 맺고 그 열매가 이방인들에게 가서 그들이 또 다른 첫 열매가 되는 과정이요 동적인 개념이다.

사도들은 '첫 열매'가 무슨 의미인지 잘 알았다.

첫째, 잠자는 자들의 첫 열매다. 바울은 예수님이 "죽은 사람들 가운데서 살아나셔서, 잠든 사람들의 첫 열매"(고전 15:20)라고 설명한다. 첫 열매의 원형은 예수 그리스도다. 성도는 부활하신 예수님을 따름으로써 부활에 동참하는 또 다른 첫 열매가 되는 것이다. 우리는 죄와 사망의 깊은 절망의 늪에서 건짐을 받은 첫 열매들이다.

봄의 새싹은 얼어붙은 겨울 땅을 뚫고 나온다. 그리고 주변에 거대한 변화를 가져온다. 그렇게 예수님의 부활은 죽음을 이기셨고, 우리가 예수 그리스도를 믿고 따르며 예수님처럼 첫 열매로서 부활의 삶을 산다면, 아빕월의 새싹이 천지를 파랗게 물들이는 것처럼 나의 주변도 변하지 않을 수 없게 된다.

둘째, 성령의 첫 열매다. "그뿐 아니라 또한 우리 곧 성령의 처음 익은 열매를 받은 우리까지도 속으로 탄식하여

양자 될 것 곧 우리 몸의 속량을 기다리느니라"(개역개정 롬 8:23). 성도는 예수 그리스도를 믿음으로 성령의 세례를 받고 성령의 역사와 인도하심을 따르는 첫 열매다.

셋째, 그리스도께 돌아온 첫 열매다. 바울은 이방인 에배네도에 대하여 "아시아에서 그리스도를 믿은 첫 열매"(롬 16:5)라고 말했다. 성도는 이방인들을 그리스도께로 돌이키게 하는 첫 열매다. 그것이 첫 열매 된 자의 사명이다. 성도는 끊임없이 역동하는 생명력으로 결실을 맺는 사람이다.

넷째, 하나님과 어린양에게 바쳐진 첫 열매다. 요한은 어린양 예수님과 함께한 14만 4000명에 대하여 "이 사람들은 여자와 더불어 더럽히지 아니하고 순결한 자라 어린양이 어디로 인도하든지 따라가는 자며 사람 가운데에서 속량함을 받아 처음 익은 열매로 하나님과 어린양에게 속한 자들이니"(개역개정 계 14:4)라고 소개한다. 예수님의 부활에 참여한 첫 열매들은 마침내 하나님과 어린양께 거룩하게 바쳐진 첫 열매들이다. 첫 열매 된 우리는 하나님께 돌아올 뿐만 아니라 하나님께 헌신하고 온 생애를 투신하는 사람들이다.

+ 유혹을 물리치는 방법

시험의 또 다른 얼굴인 유혹을 물리치는 방법을 묵상해 보자.

첫째, 유혹을 거절하는 것이다.

그것은 '속지 않는' 것인데, 하나님의 자녀에게는 진리의 영이신 성령님이 이것을 분별하도록 가르쳐 주신다. 성령의 충만함을 구하고 그분의 인도하심을 받자.

둘째, "온갖 좋은 선물과 모든 완전한 은사"를 바라는 것이다.

이는 곧 성령의 충만함이다. 성령이 얼마나 좋은 것인지 안다면, 시시한 것들에 마음을 빼앗기지 않기 때문에 유혹을 받지 않을 수 있다.

셋째, 하나님의 '첫 열매'가 되는 것이다.

그것은 위로부터 오는 성령의 세례로 거듭나고 기름 부음을 받는 것이며, 영적 이방인들을 예수님께로 돌아오게 하는 것이며, 나 자신이 하나님의 어린양에게 온전히 헌신하는 것이다.

결국 유혹을 물리치는 가장 강력한 능력은 성령님과의 친밀함이다.

말을 자제해야 하는 이유

그리스도인과 그리스도인의 삶은 하나님과 하나님 나라

의 반영이다. 땅의 소금과 세상의 빛이 된다는 것은 하나님의 심판과 구원의 대리자가 된다는 것이다. 이렇게 그리스도인은 하나님의 다스리심을 땅과 세상에 반영하는 존재다. 그런데 우리가 어찌 하나님의 심판을 대리할 능력이 있으며, 우리에게 어찌 이 세상의 어둠을 밝힐 수 있는 빛이 존재할 수 있겠는가? 모든 근원이 하나님으로부터 흘러나오는 하나님의 반영이라면 가능하다. '경건' 역시 마찬가지다. 우리는 경건이 무엇인지 잘 모른다. 그리고 그러한 경건의 능력조차 우리에게 있지 않다. 다만 참된 경건의 출처이신 하나님의 말씀이 나타난다면, 그 삶을 통해 하나님의 경건을 드러낼 수 있다.

야고보는 당시 잘 알려진 격언을 통해 진정한 경건이 무엇인지 전한다. "① 듣기는 빨리하고, ② 말하기는 더디 하고, ③ 노하기도 더디하"(1:19)라는 권고다. 이것은 구약과 유대교 관습에서 매우 익숙한 것이다.[10]

이 세 가지는 하나님이 '진리의 말씀으로 우리를 낳아 주셨고 그리하여 그는 우리를 피조물 가운데 첫 열매가 되게

---

10 잠언서의 기자는 "책망을 잘 듣는 사람은 지식을 얻는 사람"(잠 15:32)이며, "아는 것이 많은 사람은 말을 삼"(잠 17:27)간다고 했다. 또 "화를 쉽게 내는 사람은 다툼을 일으키지만, 성을 더디 내는 사람은 싸움을 그치게"(잠 15:18) 하며, "노하기를 더디 하는 사람은 용사보다 낫고"(잠 16:32) 그것이 곧 "사람의 슬기"(잠 19:11)라고도 했다.

하셨다'(1:18)는 것과 관련이 깊다. 앞에서 야고보는 누구든지 시험을 당할 때 "내가 하나님께 시험을 받고 있다" 말하지 말라고 하였다. 사람이 시험을 당하는 것은 자신의 욕심에 이끌려 유혹에 빠졌기 때문인 것이다. 그것은 죄를 낳고 사망을 낳는 씨앗과 같다. 그러니 속지 말아야 한다. 오히려 온갖 좋은 선물, 온전한 은사들을 받아 진리의 말씀으로 거듭난 아버지의 자녀들이어야 한다. 하나님은 우리를 시험하시는 분이 아니라 우리로 '첫 열매' 되게 하시려는 분이다. 야고보는 이 위대한 사명에 붙잡혀 살기를 도전하였다. 그런데 한편으로 야고보는 이렇게 우리를 구속하시고 첫 열매가 되게 하시려는 하나님의 '진리의 말씀'과 대조적으로 '사람의 말들'이 얼마나 위험한지 경계하는 것이다.[11] 우리의 말에는 세상의 원리와 방식을 좇는 세속적 본성이 내재한다. 인간의 말은 '진리의 말씀'을 대체하려는 경향이 있다. 그래서 말하기보다 듣기를 더 힘쓰라는 권고는, 사람의 말이 얼마나 위험한지를 경계하는 말이다.

그래서 미디어 금식이나 절제가 필요하다. 모든 매체에는 제작자의 의도와 사상이 담겨 있다. 세속적인 시각과 기

---

11 3장에서 '사람의 말'과 '하나님의 선물'을 대조해서 보다 더 자세하게 강조할 것이다. 그러나 야고보는 이 시험에서 이 둘을 간략하게 연결해서 3장을 준비한다.

전신희행

준이 담긴 뉴스와 드라마에 빠져 세상의 요구와 목소리에 오래 노출돼 있으면 그만큼 성령의 목소리에는 둔감해지게 마련이다. 성령의 인도하심을 따르는 성도들은 이것을 알기 때문에 분별하고 선별한다. 독일에서 살다 귀국한 어느 성도는 한국 방송이 너무 자극적인 것을 보고 놀랐다고 했다. 세상의 미디어들은 결국 개인의 욕망과 비교의식과 그로 인한 비판과 분노를 부추기는 경향이 짙다.

한 집사님은 세상 트렌드에 민감해야 하는 직업에 종사하는데도 뉴스 영상은 꼭 필요한 경우가 아니면 제목만 보고 넘어가거나 되도록 지면으로 정보를 접한다고 한다. 그는 뉴스든 영화든 세상의 영상 매체에 오래 노출돼 있으면 그렇게 은혜를 받던 설교에도 이상하리만치 예전만큼 집중하지 못하게 된다고 고백했다. 당연한 현상이다. 그럼에도 불구하고 우리는 세상 매체에 너무나 익숙해 있어서 그것을 알아차리지 못하고 있다. 성도는 예배가 삶의 중심이 되어야 하며 들려오는 하나님의 말씀과 이에 응답하는 신실한 기도의 삶으로 깨어 있어야 한다.

화를 내면 안 되는 이유

그렇다면 이렇게 듣기를 빨리하고, 말하기를 천천히 하며, 노하기도 천천히 해야 하는 이유는 무엇인가? "노하는 사람은 하나님의 의를 이루지 못하기"(1:20) 때문이다. '분노'와 '의'는 관계적인 용어다. 하나님의 의는 무엇인가? 하나님은 성도와의 관계에서 의로우시며, 하나님을 대적하는 세상에 대해서도 의로우시다. 어떤 관계든 하나님은 항상 옳다. 관계적 의미에서 정의되는 하나님의 의는 타인이나 세상의 어떤 기준이나 판단에 따르는 의가 아니라, 하나님 자신이 요구하시는 기준으로서의 의를 말한다. 그런데 인간은 자신의 주장과 분노로 이것을 결코 만족시킬 수 없다. 인간은 자신의 주의나 주장이 받아들여지지 않을 때 실망하거나 나아가 분노한다. 분노한다는 것은 자기주장을 고집한다는 뜻이다. 하지만 인간적인 주장은 그 어떤 것도 결코 하나님의 의를 이룰 수 없다.

현대는 분노의 시대다. 우리는 지금, 그렇게 쌓인 분노가 언제 폭발할지 모르는 분노조절장애 시대를 살아가고 있는 듯하다. 그런데 화를 내면 엎질러진 물을 다시 담을 수 없는 것처럼 분노로 인하여 자신의 땅(자리)을 잃어버리게 된다. 분노는 회복 가능성을 잃어버리게 한다. 관계가 깨지고 기회를 잃어버린다. 다시 되찾기 위해서는 매우 많은 노력과 시간이 필요하다. 그래서 혈기를 버려야 한다. 분노와 혈기의 반대가 온유함이다.

따라서 "더러움과 넘치는 악을 모두 버리고, 온유한 마음으로 여러분 속에 심어 주신 말씀을 받아들여야"(1:21) 한다. 더러움과 악이 분노와 무슨 상관이 있을까? 분노를 가리켜 '마귀의 아궁이'라고 한다. 모든 죄가 이 분노를 일으키는 아궁이에 땔감으로 제공되기 때문이다. 교만과 시기도 분노와 연결돼 있다.

또한 분노에 찬 사람은 쉽게 나태해진다. 분노는 그 사람의 에너지를 소모시켜 지치게 만든다. 사람들은 자신의 책임을 쉽게 저버리는 데 이 분노를 핑계로 들곤 한다. 예를 들어, 화가 나서 일을 못하겠다는 것이나, 약속을 취소해 버리는 것은 분노를 핑계로 책임과 의무를 저버리는 흔한 경우다. 자녀도 부모 앞에서 자기 책임과 역할을 회피하는 명분으로 분노를 이유 삼는 경우가 많다.

"온유한 자들은 땅을 차지하며"(개역개정 시 37:11) "온유한 자는… 땅을 기업으로 받을 것"(개역개정 마 5:5)이다. 성도는 자기 계획, 목적, 주장대로 사는 것이 아니라, 이미 마음에 심긴 말씀을 온유하게 복음으로 받아들임으로써 하나님의 의를 성취해 나가는 사람이다.

스스로 속지 않기 위하여

시험을 거부하기 위해서는, 무엇보다도 위로부터 오는 은사를 감사하고 즐거워해야 한다. 이것은 하나님을 신뢰할 때만 가능한 일이다. 또 한 가지는, 하나님이 주시는 '온갖 능력'으로 인해 시험을 거부할 수 있는데, 말씀이 바로 그 능력의 원천이다. 말씀에는 '사람의 영혼을 구원할 능력'(1:21)이 있다. 바울이 "복음을 부끄러워하지 않"은 이유다. 복음은 "모든 믿는 사람을 구원하는 하나님의 능력"(롬 1:16)이다. 과거에 구원받은 경험이 있다고 해서 끝난 것이 아니다. 구원은 지금도 계속되고 있고 앞으로도 완성해 나갈 것이다.

그렇기에 바울은 계속해서 "두렵고 떨리는 마음으로 자기의 구원을 이루어 나가"(빌 2:12)라고 말한다. 구원이란 하나님의 '영속적인' 임재 사건이 '연속적으로' 이뤄지는 것이다. 때문에 구원을 이루어 나가기 위해서는 '구원할 능력'이 있는 말씀을 온유함으로 순종하여 실천해야 한다.

우리는 "말씀을 행하는 사람"(1:22)이어야 한다. 그저 듣기만 하면 "자신을 속이는 사람"(1:22)이 되고 만다. 그런데 우리는 보통 듣는 것에서 만족하고 만다. "말씀을 듣고도 행하지 않는 사람은 있는 그대로의 자기 얼굴을 거울 속으로 들여다보기만 하는 사람"(1:23)이다. 우리는 거울을 보고 자신이 어떻게 생겼는지 그 실체를 깨닫긴 하는데, 뒤돌아서면 금방 자신의 실상을 잊어버리고(1:24) 만다. 자신의 모습이 어떤지 깨닫고는 무엇을 회개해야 하는지 알면서도 곧 잊어버리는 것은 곧 "자신을 속이는"(1:22) 것이다.

그러나 "자유롭게 하는 온전한 율법을 들여다보고 있는 자는 듣고 잊어버리는 자가 아니요 실천하는 자니 이 사람은 그 행하는 일에 복을 받으리라"(개역개정 1: 25). 거울을 통해 참되게 자기 모습을 들여다 보면서 자신을 가꾸는 것처럼, '완전한 말씀'을 살피고 실천해서 스스로 돌이키는 사람은 비로소 진정한 자유를 누리게 된다. 이것이야말로 진짜 복이다.

말씀을 받는 데 그치지 않고 실천하여 스스로 변화를 택할 때 말씀의 능력이 이루어진다. 온유함으로 말씀을 받는 사람은 받은 말씀을 실천한다. 성도는 말씀을 듣고 행함에까지 나아가야 한다. 하나님의 거룩한 백성은 필경 사명적 삶으로 나아가야 한다. 그래야 스스로를 속이는 자가 되지 않고 열매를 맺을 수 있다.

그런데 문제는 말씀을 듣고도 실천하지 않는 연약함이 되풀이되고 있는 것이 아닌가. 말씀 묵상의 모범인 다윗에 의하면, 복 있는 사람은 "오로지 주님의 율법을 즐거워하며, 밤낮으로 율법을 묵상하는 사람"(시 1:2)이다. 여기서 '묵상하다'로 번역된 동사 '하가'(הָגָה)는 계속해서 생각하느라 중얼거릴 때와 동물이 먹이를 붙들고 으르렁거릴 때(사 31:4) 사용하는 단어다. 다윗이 "옛날을 기억하고, 주님의 그 모든 행적을 돌이켜보며, 주님께서 손수 이루신 일들을 깊이깊이 생각"(시 143:5)할 때 사용한 동사가 '하가'다.

사실 우리에게는 말씀을 실천할 능력이 없다. 그러나 마치 사자가 먹잇감을 놓치지 않고 만지작거리듯이 말씀의 뜻을 더 깊이 이해하기 위해 끈질기게 붙들고 늘어지면, 그때 그 말씀 자체가 (말씀이신 예수님 안에서) 그 말씀을 행할 수 있도록 해주신다. 말씀 실천 또한 내 안에 계신 성령님에 의해 가능해지는 것이다. 그때 비로소 말씀의 겉모양만 있는 것이 아니라 말씀이 행함이라는 능력이 되어 진정 복 있는 사람이 되는 것이다.

경건이란 무엇인가

하나님이 우리를 "진리의 말씀"(1:18)으로 낳은 성도로 새롭게 창조하신 이유는, 우리로 하여금 "첫 열매"(1:18)가 되게 하시기 위함이다. 하나님이 낳으신 '첫 열매'에는 하나님의 형상이 반영되지 않을 수 없는데, 그것은 무엇보다도 '경건'이라는 선물이다. 빛이 있어야 볼 수 있듯이, 우리가 하나님과 하나님 나라를 반영해야 세상이 하나님을 볼 수 있게 된다. 성도에게서 그것은 무엇보다도 '경건'(드레스케이아, θρησκεία)[12]으로 나타난다.

이제 야고보는 말씀을 실천하기 위해, 참된 경건이 무엇인지 알려 준다. "스스로 경건하다고 생각하면서도, 혀를 다스리지 않고 자기 마음을 속이면, 이 사람의 신앙은 헛된 것"(1:26)이다. 경건은 하나님을 두려운 마음으로 경외하는 신자의 반응이다. 그런데 유대인들은 기도와 금식처럼 종교적인 형식에서 경건을 찾는 데 급급하여 경건의 본질을 잃어버렸다. 스스로 경건하다고 생각하는 사람일지라도 자기 혀를 제어하지 못하면, 그것은 경건의 형식만 갖춘 모

---

12 '경건'으로 번역된 '드레스케이아'는 1세기 당시 유대인들에게 기도나 금식 등으로 표현되는 종교적 행위를 의미했다.

습일 뿐이다. 따라서 이런 사람이 아무리 열심히 기도하고 아무리 자주 금식해도 소용없는 것이며, 이는 '자기 마음을 속이는' 불의한 것이다. 야고보는 여기서 다시 우리를 자유하게 하는 온전한 '말씀'과 대조적으로 '사람의 말들'의 위험을 경고하였다. '말씀'은 참된 경건을 만들고, '사람의 말들'은 형식적 노력을 이끌기 때문이다.

그렇다면 하나님은 어떤 것을 경건하다고 생각하실까? 하나님께 경건이란 "깨끗하고 흠이 없는"(1:27) 것이다. "깨끗하고 흠이 없는" 것은 구약에서 제사장들이 하나님께 바칠 제물로 합당하다고 판단하는 두 가지 기준이다. 하나님께 드리는 희생제물에 적용되는 기준을 사람의 행위 기준으로 제시한다는 점이 매우 특별하다.

경건은 어떻게 드러나는가

하나님 앞에서 합당한 참된 경건의 이 두 가지 기준은 다음 두 가지 행동으로 나타난다. 첫째, "고난을 겪고 있는 고아들과 과부들을 돌보아"(1:27) 준다. 문자적으로 고아와 과부를 돌보는 것이기도 하지만 더 나아가 영적 부모를 잃은

'영적 고아들'과 영적 소산과 기업을 잃은 '영적 과부들'이기도 하다.

특히 여기서 '돌보다'의 헬라어 '에피스켑토마이'(ἐπισκέπτομαι)는 '찾아가 방문하다'는 의미로서 실제로 '심방하다'라는 뜻이다. 세례 요한의 아버지 사가랴가 하나님은 "자기 백성을 돌보아"(눅 1:68) 주신다고 찬양할 때도 이 동사를 사용했다. 하나님이 우리를 돌보듯이, 우리도 아버지 하나님과 남편 예수님을 잃어버린 영혼을 찾아 돌봐야 한다.

구약에서도 '돌보다'는 하나님이 곤경에 처한 자기 백성을 돌보시는 행위를 표현할 때 사용했다. 하나님이 모세에게 "내가 너희를 돌보아 너희가 애굽에서 당한 일을 확실히 보았노라"(개역개정 출 3:16)고 하셨는데, 이때 '돌보다'라는 히브리어 '파카드(פָּקַד)' 역시 '방문하다'는 뜻이다. 환란 가운데 있는 고아와 과부를 돌보는 것은 인간의 인애주의에서 비롯된 것이 아니라, 우리를 돌보시는 하나님의 본성과 하나님의 행동이 우리 안에서 드러난 결과로서의 경건이다.

남아프리카공화국의 김완용 선교사님은 특히 1996년부터 '다리밑 교회'라는 사역에 힘쓰고 있다. 주로 노숙자, 판잣집 거주자들을 섬기는 사역이다. 국내에서도 노숙자를 섬기는 게 쉽지 않은데 남아공에서 어떻게 이런 사역을 수십 년째 꾸준히 이어 갈 수 있을까? 하나님을 모르고 예수님을 잃은 자들에 대한 성령님의 사랑에서 비롯된 사역이기에 가능한 것이다.

둘째, "자기를 지켜서 세속에 물들지 않게 하는 것"(1:27)이다. 하나님을 거스르고 자기 욕망을 따르려는 인간의 본성은 팬데믹 시대에 더욱 심화되어서 세속의 문화와 사상은 점점 더 불경하고 부도덕해지고 있다. '세속'은 이러한 경향을 한마디로 집약한 상징어다. 이러한 경향들로부터 '자기를 지켜' 스스로를 구별하는 것이 경건이다.

여기서 '지키다'의 헬라어 '테레오'(τηρέω)는 '본연의 상태를 간직하다'는 의미를 갖는다. '온전함'을 뜻하는 히브리어 '타밈' 즉 하나님의 온전함을 간직하는 것이다. 인간은 온전함을 간직할 능력이 없지만, 하나님의 온전하심이 나에게서 드러나는 것으로써 가능하다. 솔로몬이 "지혜를 버리지 말라 그가 너를 보호하리라 그를 사랑하라 그가 너를 지키리라"(개역개정 잠 4:6)고 말했다. 자기를 구별하여 하나님을 사랑하는 자를 지키시는 하나님의 행동을 잘 알고 고백한 것이다.

세속에 물들지 않는 순결은 스스로 노력해서 지킬 수 있는 것이 아니라, 말씀이신 예수님을 사랑하면 하나님이 자기 백성을 지키시는 성품으로 말미암아 우리 안에서 그 온전함을 드러내시는 것이다. 즉 경건은 하나님의 성품이 하나님의 열심으로 하나님의 백성에게 반영되어 나타나는 독특한 모습이다.

어떻게 온전해지는가

요약하자면, 경건은 율법을 온전히 지키는 것인데 마치 하나님이 우리를 돌보시는 것처럼 우리도 고아와 과부를 돌보는 것이며, 하나님이 온전하신 것처럼 나 자신을 하나님 앞에 합당한 제물이 되도록 세상으로부터 구별된 삶을 사는 것이다. 이 두 가지가 하나님의 거룩함을 드러내는 삶이다. 이것이 바로 "하나님 아버지 앞에서"(개역개정 1:27) 합당한 '코람데오'의 삶이다.

산상수훈에서 예수님이 "하늘에 계신 너희 아버지께서 완전하신 것같이, 너희도 완전하여라"(마 5:48) 말씀하셨다. 이때 사용된 '텔레이오스'(τέλειος)가 '온전한'이다. 나름의 자기 기준과 양심 또는 타인의 눈에 비치는 도덕적 기준이나 시대적 흐름에 뒤처지지 않기 위해 평형점을 찾는 것은 성도의 삶이 아니다. 성도의 경건이란, 온전하신 하나님의 현존이 내 안에 임하심으로 인해 하나님의 형상이 나에게서 나타나지 않을 수 없게 된 결과다.

우리 자신에게는 경건의 능력이 없다. 아무리 자기 주도적인 열심을 낼지라도 우리는 그런 능력을 짜낼 수 없다. 경건할 수 있는 비결은 오직 "믿음의 주요 또 **온전하게 하시는 이**"인 예수를 바라보는 것이다. 예수님은 "그 앞에 있는 기쁨을 위하여 십자가를 참으사 부끄러움을 개의치 아니하시더니 하나님 보좌 우편에 앉으"(개역개정 히 12:2)신 분이다. 다시 말해 예수님을 바라보고 따르는 것이 경건의 비결이다. 즉 하나님께서 기뻐하시는 깨끗하고 흠 없는 자가 되어 예수님과 함께 십자가의 길을 걷는 것이 '온전함'을 이루는 길이다.

성도는 첫째, "진리의 말씀으로"(1:18) 거듭나 구원을 얻고, 둘째 "마음에 심어진 말씀"(개역개정 1:21)을 온유함으로 받으면, 셋째 "자유롭게 하는 온전한 율법"(개역개정 1:25)을 행하게 되어 경건에 이르는 복을 누리는 사람이다. 이 점진적인 성숙에 참여하자.

참된 경건이란 성도의 모습 속에 드러나는 하나님의 형

상이다. 이는 영적 고아와 과부를 돌보고 하나님 앞에서 세속에 물들지 않은 "깨끗하고 흠 없는" 제물이 되어 세상에서 소금과 빛의 역할을 수행하는 것이다.

묵상 포인트

1. 사탄이 주는 생각을 단호히 거부한 적이 있는가? 그랬다면 어떻게 그럴 수 있었는지 이야기해 보자. 반대로 사탄의 유혹에 속아서 잘못 판단한 적이 있다면, 그때 왜 속았는지 그 이유를 생각해 보자.

2. 하나님은 예수님의 십자가 부활을 통해 우리에게 그 어떤 것보다도 귀한 선물을 주셨는데, 곧 성령님이다. 성령님이 정말 가장 값진 선물이라고 생각하는지, 만약 그렇게 생각한다면 그 이유가 무엇인지 이야기해 보자.

3. '부활의 첫 열매' 되신 예수님을 믿음으로써 우리도 첫 열매가 되었다. 예수님이 십자가와 부활로 성도들을 낳은 것처럼, 양육이나 전도를 하면서 말씀과 기도로 열매를 맺은 경험이 있는지 이야기해 보자.

4. 화를 내면 여러 가지 곤란한 일을 겪을 수 있다. 반대로 화를 참음으로써 악화일로에 있는 상황이 예상치 못하게 좋아지는 경우도 있다. 두 가지 경험에 대해 이야기해 보자.

5. 참된 경건을 위하여 고난 가운데 있는 고아와 과부를 돌보아야 할 때, 나에게 있어서 그들은 구체적으로 어떤 사람들인지 생각해 보자.

6. 경건의 삶을 살기 위해서는 세속에 물들지 않도록 노력해야 한다. 나는 구체적으로 어떤 노력을 하고 있는지 이야기해 보자.

세속에 물들지 않는 순결은 스스로 노력
해서 지킬 수 있는 것이 아니라, 말씀이신
예수님을 사랑하면 하나님이 자기 백성을
지키시는 성품으로 말미암아 우리 안에서
그 온전함을 드러내시는 것이다.

2부

사랑하라

그리스도인과 그리스도인의 삶은 하나님과 하나님 나라의 반영이다. 교회에 출석하기만 하는 사람은 그리스도인이 아니라 종교인일 뿐이다. 진짜 성도에게서는 본질적으로 하나님의 나타나심이 드러난다. 하나님과 하나님 나라는 거룩으로 나타나고, 그리스도인과 그리스도인의 삶은 사명으로 나타난다.

그런데 인간은 결코 스스로 거룩할 수 없다. 이 땅에서는 결코 거룩해질 수 없다. 오직 하나님과 하나님 나라만이 거룩하다. 그 거룩한 하나님과 하나님 나라를 믿고 받아들일 때만 교회와 성도에게 거룩이 나타나는데, 그 거룩은 우리에게서 사명이라는 형태로 드러난다. 거룩의 원천은 진리의 말씀에 있다. "마음에 심어진 말씀"(개역개정 1:21)이 곧 그리스도와 성령이다. 성도는 말씀이신 주와 성령으로 인해 거룩해져서 사명을 감당할 수 있게 되는 것이다.

전신희행

하나님은 우리를 진리의 말씀으로 낳으셨다. 그 이유는 우리도 예수님처럼 '첫 열매'가 되게 하시기 위함이다. 이것은 첫 열매가 된 소극적 상태를 말하는 것이 아니라 이후 계속 열매를 맺어가는 현재진행형의 역동적 시제를 내포한다. "그리스도께서 죽은 자 가운데서 다시 살아나사 잠자는 자들의 첫 열매가 되셨"(개역개정 고전 15:20)다는 것은 엄청난 비전이다. 마치 새싹이 얼어붙은 땅을 뚫고 나오듯이, 우리의 영토에도 내가 첫 열매가 되어 어둠으로 뒤덮인 곳에 생명이 역사하도록 하는 것이다. 내가 이 땅에 던져진 첫 열매가 되어 죽음을 생명으로 잠식해 나가는 것이다.

우리 삶의 자리에서는 이제 죽음이 죽을 차례가 되었다. 거룩을 담지하고 사명자로 거듭날 때 이러한 하나님 나라가 나타난다.

3

심판을 이기는 비밀

하나님의 성품

한국은 지금 하루 평균 30여 명이 넘게 자살하는 나라이며, OECD 국가들 가운데 2003년부터 2017년(2위)를 제외하고 부동의 자살률 1위를 지키고 있다. 또한 합계출산율은 2022년 0.78명으로 재앙적 수치를 나타내고 있다. 이렇게 죽음의 영이 지배하고 있는 이 땅에서 교회의 수나 기독교인의 비율을 신앙의 척도로 여길 수 있겠는가? 교회와 성도가 깨어 있다면 이럴 수는 없을 것이다. 성도가 교회 안에서 거룩하고 순결하게 기도의 무릎을 꿇고 교회 밖에서 당당하게 빛을 전하지 못하고, 소금이 되지 못한 까닭이다. 이 땅에 예수님의 부활 소망이 회복되도록 우리가 다시 일어나야 한다.

어둠으로 가득한 이 나라에 순결한 양심과 거룩한 영이 임하도록 기도하자. 영광스러운 평양 대부흥은 나라의 비운과 극심한 가난 가운데 일어났다. 지금 그렇게 순전한 마음으로 다시 부흥을 갈망할 때다. 참된 부활의 삶을 살아가는 교회와 성도들을 일으켜 주시기를 갈망하며, 하나님의 마지막 때를 예비하는 제사장 나라가 되도록 기도해야 한다.

야고보는 1장에서 경건이 무엇인지 설명한 뒤에 2장에서 긍휼이라는 신적 성품을 말하고 있다. 죽음의 영이 지배하는 이 시대에 우리에게는 무엇보다도 경건과 긍휼이 절실하다. 어떻게 참된 경건을 회복하고 우리 삶에 하나님의 성품인 긍휼을 드러낼 수 있을까?

성도에게서 하나님의 성품이 드러나야 하고, 성도의 삶은 하나님 나라의 반영이어야 한다.

살아 계신 하나님이신 성령님이 우리 안에 계시다면 이 경건의 능력이 어떻게 심상으로만 멈춰 있겠는가. 하나님의 본성인 경건이 나에게서 드러날 때 비로소 하나님의 말씀이 우리를 자유케 하는 온전한 율법이 된다. 그러한 경건이 내 안에 있을 때 율법은 우리를 율법주의에 빠지지지 않게 하고 도리어 자유롭게 하여 기꺼이 고아와 과부를 돌보는 행동으로 나타난다. 이때 우리는 혼탁한 세상으로부터 자신을 지켜 낼 수 있다. 하나님의 말씀과 성령님의 함께하심은 우리로 하여금 신적 성품을 드러내며 살도록 만든다.

겉모습으로 판단하지 말라

그렇게 하나님의 성품을 담지한 성도는 무엇보다도 사람을 겉모습으로 판단하지 않는다(2:1). 지금의 세상 풍조를 꿰뚫어 보는 야고보의 권고다. '겉모습'을 뜻하는 '프로소폴렘프시아'(προσωπολημψία)는 '얼굴'과 '취하다'의 합성어로, 눈에 보이는 정보를 취해 판단하는 편견을 뜻한다. 얼굴만 보고 판단하는 건, 사람을 외적인 조건과 겉모습으로 차별하는 인간의 본성적인 죄의 속성을 대표한다.

이는 오늘날 우리 사회의 지배적인 풍조로서, 사람을 그 자체로 존중하지 않고 미디어와 문화, 정치경제 모든 영역에서 신분, 직업, 성별, 재력, 외모 같은 외적인 요건에 따라 판단하는 경향이 점점 더 심화되고 있다. 플랫폼 시대는 우리에게 많은 편의를 제공하지만, 이름도 모르고 관계도 맺지 않은 채 오로지 자기 편의와 이익을 위해 수요와 공급

이 만들어지는 이 같은 시스템은 우리 사회를 알게 모르게 빠른 속도로 계급사회로 이끈다.

예전에는 개천에서 용 났다는 말을 종종 듣곤 했는데 더 이상 그것도 불가능한 시대가 되고 있다. 지금은 계층화가 공고하게 이루어져서 더 이상 선을 넘어갈 수 없다. 미국에서는 유대인 동네에 유색인종 인구가 자리 잡기 시작하면 유대인들을 비롯한 백인들은 더 수준 높은 동네를 만들어서 옮겨 간다.

우리가 서로를 차별하지 말아야 하는 이유는 무엇인가? "영광의 우리 주 예수 그리스도를 믿"(2:1)기 때문이다. 예수님은 모든 사람의 죄를 대속하려고 십자가 위에서 죽으셨고, 하나님은 예수님의 십자가 대속을 믿는 누구든지 구원해 주신다 약속하셨다. 그런 하나님의 성품이 우리 안에 있다면, 우리도 예수님처럼 사람을 겉모습으로 판단하여 차별하지 않게 된다. 하나님은 나 같은 사람에게도 구원과 직무를 주신 분이니, 그런 '영광스러운 믿음'을 가진 우리도 마땅히 다른 사람을 외모로 차별해선 안 된다.

야고보는 '회당'에서 벌어지는 일을 예로 든다. 초기 교회 당시 그리스도인들의 예배와 선교는 대부분 회당을 중심으로 이루어졌다. 따라서 야고보서에서 말하는 '회당'(시나고그, συναγωγή)은 '교회'(에클레시아, ἐκκλησία)라는 용어와 같은 의미로 볼 수 있다. 그런데 만약 우리 공동체에 화려한 옷을 입고 금반지를 낀 사람과 남루한 옷을 입은 가난한 사람이 들어왔을 때, "화려한 옷차림을 한 사람에게는 특별한 호의를 보이면서 '여기 좋은 자리에 앉으십시오' 하고, 가난한 사람에게는 '당신은 거기 서 있든지, 내 발치에 앉든지 하오' 하고 말하면"(2:3) 이것이 바로 "서로 차별을 하고, 나쁜 생각으로 남을 판단하는"(2:4) 일이다.

일상에서 유사하게 일어나는 일이지 않은가? 심지어 교회에서도 이런 일이 일어난다. 외모로 판단하는 것은 인간의 본성이기 때문에 이 땅에서는 자연스러운 세상의 가치관이다. 하지만 성경은 세속적인 가치관을 따르는 것을 '타락한 견해'라고 말한다. 야고보는 세상의 타락한 가치관이 교회 안에 들어오는 것을 경계하고 있다.

그런데 부자나 강자가 사람을 더 차별한다고 생각하는 것도 순진한 착각일 수 있다. 차별받는 사람이 더 남을 차별할 수 있다. 순박해 보이는 평범한 사람도 힘을 휘두를 기회를 얻으면 오히려 더 노골적으로 계급적인 성향을 보이는 경우가 많다. 가난한 시골에서 평범하고 순박해 보이는 부부가 한 지적장애인을 짐승처럼 다루고 노예처럼 부리다가

발각되었다는 뉴스가 종종 나온다. 사람을 겉모습으로 판단하는 성향은 집권층에만 있는 것이 아니라는 뜻이다. 이런 성향은 우리 모두에게 있는 죄인으로서의 본성이다.

노모스 바실리코스

하나님은 이렇게 죄악된 세상에서 행동하시는 분이다. 세상의 '타락한 가치관'을 허물기 위해 첫째, "세상의 가난한 사람을 택하셔서 믿음에 부요한 사람이 되게"(2:5) 하신다. 여기서 '가난한 사람'이란 세속적 의미로서 경제적인 취약층을 말하는 것이 아니다. 하나님을 갈망하는 절실한 심정을 가진 사람을 말한다. 이때 가난하다는 뜻의 헬라어 프토코스(πτωχός)는 산상수훈의 팔복 가운데 하늘나라를 차지하는 사람들, 즉 "마음이 가난한 사람"(마 5:3)에 사용된다. '가난한' 사람은 마음이 하나님 외에 다른 것으로는 채워지지 않는 사람이다. 그렇게 하나님은 갈급함으로 당신을 찾는 자들을 하나님 나라의 상속자로 삼으신다.

둘째, "하나님을 사랑하는 이들에게 약속하신 그 나라의 상속자가 되게"(2:5) 하신다.

여기서 하나님의 두 가지 행동을 확인할 수 있는데 한마디로 ① 선택과 ② 약속이다. 하나님은 우리를 선택하고 구원을 약속하실 때 어떤 조건으로도 차별하지 않으신다. 하나님은 나처럼 별 볼 일 없는 사람도 택하시어 감히 하늘나라의 말씀을 선포하게 하셨다. 하나님의 선택과 약속을 받았다는 건, 높은 연봉을 약속받았다거나 노후를 보장받았다거나 하는 차원의 것이 아니다. 도태되지 않기 위해 몸부림치며 오직 생활과 생존을 위해 살아가던 인생이 하나님의 택하심을 받고 영원한 나라를 상속받았다는 것이다.

우리가 이런 은혜를 받아 '거룩한 백성'이 된 것은 오직 하나님의 선택으로 말미암는다. 성경에 '거룩한 백성'(암 카도쉬, קָדוֹשׁ עַם)은 모두 열 번 나오는데[13], 그중 두 번째가 '당신들은 주 당신들의 하나님의 거룩한 백성이요, 주 당신들의 하나님이 땅 위의 많은 백성 가운데서 선택하셔서, 자기의 보배로 삼으신 백성'(신 7:6)이라는 표현이다. 우리가 거룩하게 되는 것에 있어서 우리의 노력은 전혀 도움이 되지 못한다. 그래서 어느 누구도 서로에 대하여 우월하거나 열등할 수 없다. 이것이 서로 차별할 수 없는 이유다. 거룩은

---

13 출 19:6; 신 7:6, 14:2, 14:21, 26:19, 28:9; 사 62:12, 63:18; 단 7:27, 8:24

오직 하나님의 선택에 달렸기 때문이다.

그런데도 회당에서 성도들은 "가난한 사람을 업신여겼"(2:6)다. 그들을 압제하고 법정으로 끌고 가는 사람이 부자들이며, 부자들은 "그 존귀한 이름을 모독하는"(2:7) 사람들인데도 성도들은 이러한 부자들의 행동을 따르고 있다. 부자들은 자기 힘을 믿고 하나님을 경외하지 않는 사람들이다.

그래서 야고보는 하나님의 선택과 약속을 주목하면서 하나님의 행동을 밝혀 주는 성경 말씀을 제시한다. 즉 "성경에 기록된 대로 네 이웃 사랑하기를 네 몸과 같이 하라 하신 최고의 법을 지키"(개역개정 2:8)라고 말한 것이다. '최고의 법'을 직역하면 '왕의 법'(노모스 바실리코스, νομόσ βασιλικός)이다. 여러 말씀 중에서도 "다만 너는 너의 이웃을 네 몸처럼 사랑하여라"(레 19:18)는 말씀이 바로 '최고의 법'인 것이다.

하나님의 현존을 의식하라

이웃 사랑이 왕의 법, 곧 최고법이다. 그래서 만약 "여러

분이 사람을 차별해서 대하면 죄를 짓는 것이요, 여러분은 율법을 따라 범법자로 판정을 받게"(2:9) 된다. 야고보는 사람을 차별하는 것이 옳지 않을 뿐 아니라 '범법'이라고까지 말한다. 누구든지 "율법 전체를 지키다가도 한 조목에서 실수하면, 전체를 범한 셈이 되기 때문"(2:10)이다. "'간음하지 말라' 하신 분이 또한 '살인하지 말라'고 말씀하셨"으므로 "어떤 사람이 간음은 하지 않는다고 하더라도 살인을 하면, 결국 그 사람은 율법을 범하는"(2:11) 것이다.

세속의 가치관에 따라 사람을 차별하는 것은 하나님 나라에서 최고법을 어긴 것이다. 우리가 그런 죄를 짓는 이유, 즉 본성적으로 다른 사람에 대한 나쁜 언행이 문득문득 표출되는 이유는, 우리 마음속에 하나님의 현존을 의식하지 않기 때문이다. 그렇게 하나님의 임재를 느끼지 못하면 하나님이 없는 것처럼 행동하기 때문에 결국 심판이 기다리고 있다.

다윗이 밧세바와 동침하고 그것을 숨기기 위해 충신 우리아를 죽인 죄는 바로 다윗이 하나님이 계시지 않은 것처럼 행동한 결과다. 광야에서 다윗은 늘 하나님의 임재를 의식하는 가운데 살아갔다. 하지만 왕궁에서 다윗은 우리아가 밧세바의 남편이라는 것을 알고도 모른 척하며 그의 손에 그를 죽이라는 편지를 들려 보냈고, 가장 치열한 전선(戰線)에서 전사한 것처럼 위장했다. 다윗은 마치 그 시간 그 장소에는 하나님이 계시지 않은 것처럼 행동한 죄질이 나쁜 악인이었다.

하나님의 말씀을 있는 그대로 순종하지 않고 조건에 따라 지키는 것은 범죄다. 조건에 따라 자기 삶이 결정되는 사람은 그 조건이 하나님보다 더 상위에 있는 기준이 되기 때문에 그것은 우상이 된다. 그래서 현실적인 조건에 따라 기쁨과 슬픔이 교차하고 그 조건에 따라 순종의 여부가 결정된다면, 그것은 우상숭배와 같은 죄가 된다. 어떤 것도 하나님과 말씀보다 상위에 있을 수 없다. 기억하자. 사람이 하나님의 말씀을 따르는 삶이 아닌 겉으로 나타난 현실을 따르는 삶은 범죄가 된다. 그리고 그 범죄에는 마침내 심판이 있다는 것이다. 그러니 하나님의 말씀이신 예수 그리스도의 복음으로 구원받은 그리스도인들은 항상 '심판'을 기억해야 한다.

+ 참된 믿음의 세 가지 특징

야고보가 말하는 참된 믿음의 특징을 정리해 보자.

첫째, 시험을 기뻐하신다.

고난을 고통이 아니라 훈련으로 생각하고 기꺼이 극복하고자 하는 의지를 보인다.

둘째, 경건함을 드러낸다.

경건이란 고아와 과부를 돌보는 것인데, 문자적인 의미로서만이 아니라 하나님 아버지를 잃어버린 영적 고아와 하나님 나라의 유산을 얻지 못하는 영적 과부를 찾아 그들을 하나님께로 인도하는 것을 말한다. 또한 세속으로부터 자기 자신을 지키는 것이다.

셋째, 심판이 임박했음을 기억한다.

이러한 사람은 구원의 절박성 때문에 긍휼을 베풀지 않을 수 없다. 그것은 곧 전도와 선교로 연결된다.

긍휼에 담긴 비밀

야고보는 이제 '최고의 법'(노모스 바실리코스, νομόσ βασιλικός)을 '자유의 율법'(노모스 엘류데로스, νομόσ ἐλεύθερος)으로 바꾸어 말한다(개역개정 2:8, 12). 우리가 자유의 말씀 앞에서 마치 심판을 받을 각오를 하고 말하고 행동하라는 것이다. "너희는 자유의 율법대로 심판받을 자처럼 말도 하고 행하기도하라"(개역개정 2:12). 구원주이신 예수님의 복음으로 구원받은 우리는 또한 심판주이시기도 한 예수 그리스도의 심판이 있음을 기억해야 한다.

하나님의 말씀은 심판에 무감각한 우리의 마음을 각성시킨다. 믿는 자에게 자유를 주는 율법은 역설적으로 심판이 동반됨을 알려 주고 있다. 당연한 사실이다. 주님은 구원자이시며 동시에 심판주이시기 때문이다. 그러나 이 심판을 부정적으로 여겨서 절망할 필요는 없다. 심판은 하나님의 본성의 반영이기에 사실 자연스럽고 당연한 것이다.

그렇다면 죄로 가득한 본성에서 여전히 벗어나지 못하며 심판이 불가피한 우리는 어떻게 해야 하는가?

하나님의 '긍휼'을 바라야 한다. "자비(긍휼)는 심판을 이"(2:13)기기 때문이다. 이제 야고보가 본론으로 들어간다. 긍휼을 뜻하는 '엘레오스'(ἔλεος)는 하나님의 가장 신적인 본성이다. 우리를 죄로부터 자유케 하는 말씀을 소유한 성도들은 하나님의 성품이 반영되어 나타나지 않을 수 없는데, 이때 '긍휼'이 바로 가장 중요한 신적 본성이다. 가톨릭교회가 "우리를 불쌍히 여기소서"(키리에 엘레이손, κύριε ἐλέησον)라는 간구로 미사를 시작하는 이유다.

긍휼은 심판을 이기는 엄청난 성품이다. 죽을 수밖에 없

는 우리가 영생을 얻는 이유가 바로 하나님의 긍휼 때문이
다. 하나님은 마땅히 심판받을 자들에게 긍휼을 베푸심으
로써 자녀로 삼으시는 분이다. 그러니 우리는 주의 긍휼을
구해야 한다. 또한 만일 하나님께서 우리를 긍휼히 여기심
으로 우리의 모든 죄를 용서해 주셨다면 우리가 다른 사람
을 긍휼히 여기는 것은 마땅하다. 다른 사람을 긍휼히 여기
는 그리스도인들은 하나님에게도 긍휼히 여김을 받는다.

예수님도 "내가 바라는 것은 자비요, 희생제물이 아니
다"(마 9:13)라고 말씀하셨다. 예수님은 "의인을 부르러 온
것이 아니라, 죄인을 부르러"(마 9:13) 오셨다. 하나님은 긍
휼을 베푸시는 분이므로 자기 백성에게도 긍휼을 바라신
다. 심판주가 우리에게 심판을 면제해 주시는 근거가 바로
하나님의 긍휼하신 성품에 있다. 그러니 '심판을 이기는' 것
이 바로 긍휼이다.

우리는 끊임없이 주님의 자비를 구해야 한다. 내가 진
짜 하나님의 긍휼을 얻어 구원받고 새로운 삶의 기회를 얻
은 성도라면, 나 또한 다른 사람을 긍휼히 여길 수밖에 없
다. 긍휼은 팔복 가운데 하나로, "긍휼히 여기는 자는 복이
있나니 그들이 긍휼히 여김을 받을 것"(개역개정 마 5:7)이다.

어느 집사님은 회사에서 상사 때문에 괴로워하다가 마

전신희행

음속에 정죄하는 마음이 극에 달하자 분노가 치솟아서 하나님께 어떻게 이럴 수 있느냐고 분통을 터뜨리며 기도한 적이 있다고 했다. 그런데 기도하는 중에 갑자기 그 상사의 내면이 겉모습과 달리 열등감과 자괴감으로 무너져 있는 것이 느껴져 놀랍게도 불쌍한 마음이 들게 되자 어느새 분노가 사라지는 경험을 했다. 그 집사님이 오랫동안 마음에 품은 미움은 결코 사람의 노력으로 누그러질 수 있는 성질의 것이 아니었다. 그것은 성령님이 기도 가운데 긍휼이라는 하나님의 마음을 부어 주셨기 때문에 가능한 기이한 일이었다.

사실 하나님의 심판의 기준을 생각해 본다면 필자를 포함해 누구도 생명을 유지할 수 있는 자는 없다. 하지만 예수님이 나 같은 죄인을 위해서도 십자가에 달리신 것은 나를 불쌍하고 안타깝게 여기신 긍휼 때문이다. 하나님이 대제사장 여호수아에게서 더러운 옷을 벗기고 아름다운 옷을 입히셨듯이(슥 3:4), 우리도 성령의 도우심에 힘입어 하나님의 성품, 곧 긍휼을 옷 입어야 한다.

팬데믹 시대에 우리는 이 세상이 그 끝을 향해 가고 있다는 것을 부인할 수 없는 경험을 했다. 세상은 점점 더 빠른 속도로 그 질서가 파괴되고 있다. 구원주이자 심판주이신 하나님의 긍휼이 이 땅에서 펼쳐지도록 우리도 자비를 베풀고 간구해야 한다.

묵상 포인트

1. 자살률 세계 1위, 출산율 세계 최하위와 같은 매우 위험한 사회적 지표는 국가 시스템의 문제인지, 아니면 한국 교회와 신자들의 영적 상황과 더 깊은 관련이 있는 것인지 서로 나누어 보자.

2. 사람을 겉모습으로 판단하면 안 된다. 외적인 조건으로 사람을 판단했다가 곤란한 적이 없었는지 떠올려 보고, 이런 실수를 반복하지 않기 위해 어떻게 해야 하는지 이야기해 보자.

3. 하나님은 우리를 자녀로 선택하셔서 하나님 나라를 상속해 주겠다고 약속하셨다. 선택을 받은 기쁨과 약속을 받은 축복에 대해 묵상해 보자.

4. 본질적으로 죄인인 내가 온전하게 행하기 위해서는 하나님의 현존을 항상 의식해야 한다. 예수님의 임재와 성령님의 인도를 늘 인식하기 위해 구체적으로 어떤 노력을 하고 있는가?

5. 긍휼과 자비는 하나님의 성품이다. 나도 이 하나님의 마음을 느낀 적이 있다면 이야기해 보자.

6. '이웃사랑'이 왜 '최고의 법'(노모스 바실리코스)이 되는지 그 의미를 생각해 보자.

4

믿음이 온전해지는 길

가짜 믿음과 진짜 믿음

성도의 믿음은 반드시 '행함'(에르가, ἔργα) 으로 표현된다. 그래서 야고보는 "믿음이 있다고 말하면서도 행함이 없으면, 무슨 소용이 있겠습니까?"(2:14)라고 반문한다. "그런 믿음이 그를 구원할 수 있겠습니까?"(2:14)라는 질문은, 행함을 종말론적인 문제와 연결시킨 중요한 문제 제기다. '그런 믿음'이란 '행함 없는 믿음'인데, 이는 결코 구원으로 이어질 수 없다는 뜻이다.

스스로 경건한 것처럼 말하지만 사실상 경건하지 않는 사람이 그런 믿음의 소유자다. 실은 믿음이 없는 사람이다. 믿지 않는 사람들 중에도 천성적으로 법 없이 살 수 있는 사람이 있고 대단히 이타적인 삶이 생활화된 사람이 있다. 하지만 그런 행위로 구원받을 수는 없다. 결코 나의 착함과 선행으로는 구원이 성립될 수 없다. 구원은 하나님의 나라와 관련 있기 때문이다.

믿음은 전적으로 행함과 관련되어 있으면서 동시에 구원과 직결돼 있다. 그렇다면 야고보가 바울의 이신칭의(以信稱義)를 부정하는 것인가? 그렇지 않다. 야고보와 교회 공동체는 믿음으로 구원받는다는 것을 잘 알고 있다. 그러나 가짜 믿음과 참된 믿음은 구분되어야 한다. 야고보는 참된 믿음이 행함으로 입증되는 사례를 네 가지 제시한다.

첫 번째는, 만약 그날 먹을 양식조차 없는 형제자매에게 "평안히 가서, 몸을 따뜻하게 하고, 배부르게 먹으"라고 말만 하고 "몸에 필요한 것들을 주지 않는다고 하면, 무슨 소용이 있겠"(2:16)냐고 묻는다. 그러므로 "믿음에 행함이 따르지 않으면, 그 자체만으로는 죽은 것"(2:17)이다. 말뿐인 것은 빈말이기 때문에 죽은 말이다. 실천과 순종 없는 믿음은 죽은 믿음이다.

귀신의 믿음과 성도의 믿음

두 번째 예는, 누군가 "너에게는 믿음이 있고, 나에게는 행함이 있다. 행함이 없는 너의 믿음을 나에게 보여라. 그리하면 나는 행함으로 나의 믿음을 너에게 보이겠다"(2:18)고 말하는 경우다. 여기서 문맥상 전자와 후자의 차이는 중요한 것이 아니다. 모두 자기주장대로 당당하게 살기는 매한가지다. 이 문장에서 반복되는 동사 '보이다'로 번역된 '데이크뉘오'(δεικνύω)는 '설명해서 이해시키다', '증명해 보이다'는 뜻이다. 이는 자기가 믿고 있는 바에 대한 확신을 담은 표현이다.

잘 생각해 보면 우리 모습이 이렇다. 우리도 이렇게 신앙생활을 하지 않는가? 믿음과 구원의 확신에 대해 관습적이고 교리적으로 학습받아 왔지만, 실질적으로 영적 생명에는 이르지도 못하고 거룩한 성장을 이루지도 못한 채 기복적인 신앙 상태에 머물러 있는 경우가 적지 않다. 오늘 죽으면 천국 가는 것을 믿느냐는 식의 종교적인 교리문답을 신앙의 보증수표처럼 여기는 데 여기에 머물러 있는 사람은 믿음이 행동으로 이어지는 길이 묘연할 수 있다.

주일에 겨우 교회 나가는 정도로 양심을 달래며 마음의

평안을 얻으려는 사람은 교회 밖을 나가자마자 바로 세상의 시스템에 뛰어든다. 이렇게 교회만 출석하는 교인들이 점점 많아지니까 이런 일탈적인 신앙 형태를 정상으로 여기는 사람들도 점점 많아졌다. 교회가 사람을 모으는 것이 목회적 주요 지표가 되어 이러한 파행을 부추긴다면 매우 슬픈 일이다.

야고보는 행함이 없이 믿음을 주장하는 사람을 향하여 "그대는 하나님께서 한 분이심을 믿고 있습니다. 잘하는 일입니다. 그런데 귀신들도 그렇게 믿고 떱니다"(2:19)라고 말한다. 야고보는 하나님의 존재에 대해서는 믿으면서 행동으로, 삶으로는 전혀 드러나지 않고 세상 사람들과 똑같이 사는 교인들은 귀신이 가진 하나님 존재에 대한 확실한 믿음과 다를 바 없음을 비유한다. 의미심장한 일침이다.

귀신 들린 거라사 광인이 예수님을 향해 "더없이 높으신 하나님의 아들"(눅 8:28)이라고 외쳤다. 그러면서 자기에게서 떠나 달라고 떨며 간청했다. 우리는 이것을 보고 믿음이라고 하지 않는다. 하나님이 존재한다는 건 귀신도 믿는다. 하나님이 유일신이며 창조주이심을 귀신이 우리보다 더 잘 안다. 그래도 귀신은 구원받지 못한다. 하나님 앞에서 떨지만 그분의 말씀에는 순종하지 않기 때문이다. 귀신은 하나님의 뜻에 따라 행동하지 않는다. 그러나 구원받은 성도는 하나님의 말씀을 순종하여 실천하는 사람이다.

그래서 "행함이 없는 믿음은 쓸모가 없다"(2:20). 우리는 모두 믿음으로 신앙생활을 하고 있다. 하지만 내 생각과 성경적 판단이 다른 경우가 많다. 왜 그런지 성찰해 보아야 할 일이다. 믿음은 반드시 행동으로 가시화된다. 하나님과 인격적인 관계가 없는데도 주님과 친하다고 스스로 착각하고 있는 건 아닌지 돌아보자. 나는 하나님의 자녀라는 사실을 교리적인 학습으로 되뇌기만 하지 않는가? 순종이 무엇인지에는 관심도 없으면서 구원받았다고 스스로 안심하고 있는 것은 아닌지 생각해 보자.

믿음은 행함으로 완전해진다

세 번째는 구약의 사례인데, "우리 조상 아브라함이 자기 아들 이삭을 제단에 바치고서 행함으로 의롭게 된"(2:21) 경우다. "아브람이 여호와를 믿으니 여호와께서 이를 그의 의로 여기시고"(개역개정 창 15:6)라는 말씀과 야고보의 주장이 상충되는가? 그렇지 않다. 아브라함의 믿음은 모리아

산에서 이삭을 바치는 행위로 확증된 믿음이기 때문이다.

"그대가 보는 대로 믿음이 그의 행함과 함께 작용을 한 것입니다. 그러므로 행함으로 믿음이 완전하게 되었습니다"(2:22). 너무나 멋진 말이다. 사실상 이행칭의는 이신칭의와 같다. 믿음과 행함은 동시적이며 서로를 공유한다. 이를 신학용어로 '공속'(共屬)적 속성이라고 한다.

'믿음'과 '행위'는 상호 공속적이다. 믿음이 생기면 행위가 뒤따를 수밖에 없다. '거룩'과 '사명'도 마찬가지다. 하나님께서 거룩하게 하신 자는 사명자가 될 수밖에 없다(요 17:17-18). 따라서 "아브라함이 하나님을 믿으니, 하나님께서 그것을 아브라함의 의로움으로 여기셨다"(2:23)고 한 성경 말씀은 아브라함의 이삭 번제 명령에 대한 순종으로써 이루어진 것이다. 이것이 바로 아브라함이 "하나님의 벗"이 된 이유다.

야고보의 이행칭의는 이신칭의를 전제하고 있다.

"행함으로 의롭게 되는 것이지, 믿음으로만 되는 것이 아"(2:24)니라는 주장은 이러한 맥락에서 성립된다. 믿기만 하고 순종하지 않는 공허한 믿음에 대한 경고다. 믿음으로 의롭다고 칭함 받게 된 아브라함의 믿음은 이삭을 바치는 행동으로 완성되었기 때문이다.

내가 왜 기도를 안 하는지 잘 생각해 보자. 나의 기도를 하나님이 들으신다고 정말 믿는다면 기도를 안 할 수 있을까? 주일예배에만 한 번 나오고 새벽기도회나 금요철야예배나 소그룹 모임에는 왜 관심도 없는지 생각해 보자. 예배 가운데 하나님이 임재하신다는 것을 정말 믿으면 하나님께 드리는 예배를 그렇게 소홀히 할 수 있을까? 말씀이 하나님께서 나에게 주신 계시라고 진짜 믿는다면 말씀을 읽고 묵상하는 데 우선순위를 두고 시간을 투자하지 않을 수 있을까? 실은 믿지 않기 때문에 행하지 않는 것이다.

믿음은 가장 소중한 보물까지 드리는 행동으로 이어진다. 우리도 아브라함처럼 이 놀라운 칭의가 삶을 통해 나타나고 완성되도록 하자. 마귀는 우리 마음의 연약함을 잘 알고 이용하면서 우리를 비웃고 조롱한다. 성도는 믿음을 실천함으로써 이 어둠의 실체들이 거짓말쟁이라는 것을 입증해야 한다.

죽은 믿음과 살아 있는 믿음

네번째로, 구원에 이르게 하는 믿음에는 반드시 행함이

뒤따른다는 또 다른 예로서 라합의 행위를 설명한다. "창녀 라합도 정탐꾼들을 접대하여 다른 길로 내보내서, 행함으로 의롭게"(2:25) 되었다. 고결한 유대인 아브라함과 미천한 이방인 라합을 통해 구원은 혈통이 아니라 믿음을 통해 얻는다는 보편성을 강조한 것이다.

유대인들의 관점에서 이방인이면서 기생인 라합은 구원과는 거리가 먼 죄인이다. 그러나 라합은 이스라엘 정탐꾼들을 "지붕 위에 널어 놓은 삼대 속에 숨겨"(수 2:6) 주는 행위로 구원을 받았다. 그렇다면 라합이 행함으로 구원받았다는 뜻인가? 아니다. 라합은 믿음으로 구원을 받았고, 그 믿음이 행함으로 나타난 것이다. 라합은 이미 "위로는 하늘에서 아래로는 땅 위에서, 과연 주 당신들의 하나님만이 참 하나님이십니다"(수 2:11)라는 믿음을 고백했다. 정탐꾼들을 숨겨 주는 행동은 이 믿음이 행함으로 드러난 결과다.

앞에서 귀신도 하나님이 창조주이시라는 것을 믿는다고 했다. 그럼에도 귀신이 하나님의 백성이 되지 못하는 이유는 하나님의 말씀에 순종하지 않고 심지어 대적하기 때문이다. 마찬가지로 여리고 사람들은 모두 하나님이 어떻게 자기 백성을 출애굽시켰는지 들어서 알고 있었다. "그 말을 듣고 간담이 서늘했고… 정신을 잃"(수 2:11)을 정도였다. 그들 모두 하나님이 살아 있는 신이라고 인정하고 두려워했지만(믿었지만) 그럼에도 불구하고 그들은 하나님 편에 서지 않았다. 가나안 족속들도 모두 하나님의 능력을 알고 있었지만(믿었지만) 오직 라합 가족과 기브온 족속만 그 믿음을 행동으로 실천해서 하나님의 인도하심을 따르는 이스라엘 편에 섰기 때문에 구원받았다.

나는 내 믿음이 행동으로 드러나고 있는가? 오늘날 적지 않은 성도들은 직장에서 예수 그리스도를 믿으며 교회 다닌다는 사실조차 드러내지 않으려 한다. 신앙 교육이 중요한 것은 알지만 입시 문제가 중차대하기 때문에 자녀가 중·고등학생이 되면 주일성수와 신앙훈련보다 학원 시간표를 우선한다. 라합은 자기 믿음을 행동으로 옮기는 일이 쉬웠을까? 만에 하나라도 발각되면 라합 자신은 물론 가족이 몰살당하게 될 것이다. 라합은 자기 믿음을 목숨 걸고 행동으로 나타낸 것이다.

"영혼이 없는 몸이 죽은 것과 같이, 행함이 없는 믿음은 죽은 것"(2:26)이다. 여기서 '죽은 것'(네크론, νεκρῶν)이란 말은 소멸이나 활동 중지보다는 '아무 소용 없는 것', '의미 없다'는 뜻을 갖는다. 관계의 상실을 의미한다. 거라사 광인에게 들렸던 귀신은 예수님 앞에서 "당신이 나와 무슨 상관이 있습니까?"(눅 8:28)라고 말하며 관계의 전적 상실을 외친 죽은 존재였다. 이처럼 행함이 없는 믿음은 죽은 것이며, 효력이 없는 것이며, 아무 관계가 없는 것이다. 죽은 몸에는 부패와 소멸이 당장은 아니더라도 서서히 반드시 나타나게 되어 있다. 우리가 생존과 생활 문제에만 함몰되어 당장 발등에 떨어진 일만 내려다보고 있느라 상천하지를 다스리시는 하나님을 올려다보지 못한다면, 우리 영혼에도 퇴보와 죽음이 서서히 찾아올 것이다. 영혼의 부패가 마침내 눈에 보이게 드러날 때에는 이미 돌이킬 수 없이 많은 시간을 허비하고 난 후일 것이다.

팬데믹으로 인하여 비대면과 온라인 예배에 익숙해져서 어느덧 주일에 예배당에 나오는 일이 부담스러워졌는가? 하나님의 계시에 귀를 기울이는 기회를 놓치고 점점 더 돌아올 수 없는 길을 가고 있는가? 부패와 소멸로 가는 길에서 돌이키려면 아브라함처럼 순종의 칼을 높이 들고, 라합처럼 목숨을 걸어야 한다. 살아 있는 믿음은 반드시 예배적 헌신과 선교적 열정으로 드러나게 되어 있다.

+ '참된 믿음'이란

1. 시험(페이라스모스, πειρασμός)에 대한 올바른 수용이다(1:1-18).
   불평과 원망이 아닌 시련과 연단으로 맞는 것이다.

2. 참된 경건(드레스케이아, θρησκεία)을 수행하는 것이다(1:19-27).
   환난 중에 있는 고아와 과부를 돌보며 세상에 물들지 않고 자
   신을 구별하여 지키는 것이다.

3. 차별이 아닌 긍휼(엘레오스, ελεος)을 베푸는 것이다(2:1-13).
   심판을 아는 사람이 간절히 구원을 바라는 것이다.

4. 믿음은 오직 행함(에르가, ἔργα)으로 온전케 된다(2:14-26).
   행함이 없는 믿음이란 죽은 믿음이다.

묵상 포인트

1. 믿음으로 구원받지만, 구원받은 성도의 믿음은 행함으로 드러난다. 나는 믿기 전과 후가 어떻게 달라졌는지, 또는 믿음이 좀 더 깊어지고 나서 어떻게 변화되었는지 점검해 보자.

2. 아브라함이 가장 소중한 이삭을 하나님께 드림으로써 그 믿음이 증명되었다. 성도는 하나님의 뜻을 따라 각자 시간과 재물, 재능 등을 드리고 있다. 나는 어떤 것을 드리고 있는지 생각해 보자.

3. 라합이 이스라엘 정탐꾼을 숨겨 준 건 목숨을 건 믿음의 실천이었다. 위기의 순간에 믿음대로 순종했을 때 축복을 받은 일이 있다면 이야기해 보자.

4. 귀신은 하나님의 살아계심을 알고 있고 또한 그분의 현존을 믿고 있다. 그런데 왜 그들은 구원받지 못하는가? 이와 같은 경우가 사람에게도 동일하게 일어날 수 있는 점인지 생각해 보자.

5. '행함이 없는 믿음'이 '영혼이 없는 몸'과 같이 공포스럽고 끔찍한 비유였다는 사실을 생각해 본 적이 있는가? 이처럼 '행함이 없는 믿음'을 더 이상 허용할 수 없다는 점을 인정하는지 스스로 답해 보자.

3부

온전하라

야고보서는 집중해서 그 흐름을 파악하지 않으면 말씀이 조각 조각 파편처럼 흩어져 있는 것처럼 보인다. 말씀은 일부만 떼어내 읽어도 은혜가 있다. 하지만 말씀이 어떻게 긴밀하게 통합되어 있는지 알면 그만큼 더 진리에 다가가게 된다. 우리 속담에 "구슬이 서 말이라도 꿰어야 보배"라는 말이 있다. 말씀이 이렇게 많아도 관통해서 흐르는 진리를 꿰뚫어 보지 못하면, 성경도 흩어져 있는 어록들의 모음집으로 보일 뿐이다.

그렇다면 야고보서를 관통하는 진리는 무엇인가? 야고보는 계속해서 믿음의 실재를 강조한다. 우리는 분명 믿음으로 구원받는다. 그런데 구원에 이르는 믿음은 반드시 실재해야 한다. 믿음이 관념에만 머물고 그 실재가 드러나지 않는다면 그 믿음은 가짜다. 진짜 믿음은 추상적인 개념으로만 머물지 않고, 행함으로써 믿음의 본질이 밖으로 드러나게 되어 있다. 이것이 야고보의 일관된 거시적 주장이다.

혀를 다스리는 방법

명예욕인가 책임감인가

우리 신앙이 바울의 이신칭의에 기초하기 때문에 자칫 행함을 무시하는 경향으로 흐를 수 있다. 그러나 건강한 교회와 성도는 신앙과 삶 속에서 믿음과 행함이 결코 대결하지 않는다. 거룩한 백성은 거룩에 합당한 삶을 살게 되기 때문에 그에게서 사명자적인 삶의 요소가 나타날 수밖에 없다. 성도는 거룩한 하나님의 현존으로 말미암아 거룩한 선교적 비전을 좇게 된다. 이신칭의가 이행칭의로 드러나는 것이다.

야고보서 3장은 믿음의 구체적인 행함이 우리의 말과 지혜에서 나타난다고 말한다. 먼저 언어생활부터 살펴보면,

전신희행

야고보는 가장 먼저 우리가 선생이 되는 것에 대해 경고한다(3:1). 이것을 문자적으로 해석해서 교회에서 중고등부 교사를 피하자는 말로 이해하면 안 된다. 당시 사회적인 맥락에서 그 의도를 파악해야 한다.

유대 사회에서 랍비는 부러움과 존경의 대상이었다. 여기서 야고보가 말하는 교사는 공동체 내에서 랍비처럼 선생 대접을 받는 지위를 말한다. 이러한 위치는 신앙을 인도하는 만큼 큰 책임이 따르는 자리다. 그러나 당시 초기 교회 사람들 중에는 그런 책임감보다는 지도자로서 권력을 갖고 싶은 일종의 신분 상승 차원에서 선생이 되고자 하는 사람이 많았다. 그러므로 야고보는 사명이 아닌 권력욕에 눈이 멀어 리더가 되고자 하는 사람들을 경계하고 있는 것이다.

선생이 되려는 것이 사람들을 바르게 인도하고자 하는 '사명감'인지 대접받고자 하는 '욕망'인지 분별해야 한다. 선생 되기를 경계하는 가장 큰 이유는, 그가 "더 큰 심판을 받을 것"(3:1)이기 때문이다. 가르치는 권위를 부여받은 자들은 권세의 직무가 아니라 책임의 직무를 받은 것이다.

어떻게 말실수를 피할까

선생들에게 하나님의 심판이 불가피한 이유는 무엇인가? "우리는 다 실수를 많이 저지"(3:2)르기 때문이다. 야고보서에서 말하는 선생이란 공동체 안에서 하나님의 말씀과 계시를 가르치는 사람을 가리킨다. 그리고 말씀과 계시는 우리의 말로써 전달된다. 그러나 우리 중 온전한 사람이 과연 있는가? 우리는 모두 실수할 수밖에 없는 연약한 존재다.

여기서 '실수하다'로 번역된 동사 '프타이오'(πταίω)는 걸려서 비틀거리거나 넘어진다는 뜻으로 '죄'와 관련이 있다. 우리말에서 '실수'는 누구나 쉽게 저지를 수 있는 가벼운 행동으로 여겨지기 때문에 우리는 실수에 대해 관용적인 태도를 갖는 경향이 있다. 하지만 야고보가 말하는 실수는 단순한 잘못이 아니며 말로써 죄짓는 것을 뜻한다.

누구나 실수를 많이 한다는 점이 전제되고 있는데, 사실상 "모든 사람이 유죄 판결을 받"(롬 5:18)은 죄인이기 때문이다. 에서는 동생 야곱에게 장자권을 판 사건에 대해 당시 배가 고파서 실수한 것이라고 말하겠지만, 사실 에서의 말실수는 근본적으로 '먹을 것'(현실적인 것)에 집중하는 평소 그의 삶의 태도에서 비롯된 것이다. 그것은 단순한 실수가 아니라 그의 죄성과 연결돼 있다. 성경의 감찰하는 눈은 이러한 실수들이 바로 나의 뿌리 깊은 죄성에서 비롯된다는 것을 밝힌다.

한때 현대무용을 배우는 데 정신을 빼앗긴 나머지 모든 걸 후순위로 미루던 한 자매가 있었다. 그가 한번은 마음속으로 하나님께 "솔직히 말해서 춤추는 것이 예배드리는 것보다 더 행복합니다"라고 고백했는데, 바로 그날 점프를 하다가 실수하는 바람에 발에 큰 부상을 입고 무용은커녕 제대로 걷지도 못해서 반년 동안 택시로 출퇴근을 해야 했다. 뒤늦게 하나님께 회개하고 성가대에 들어가서 찬양을 했다. 찬양하는 동안 하나님이 너무나 큰 행복을 부어 주셔서 자기도 모르게 마음속으로 하나님께 "무용할 때보다 찬양할 때가 더 행복하네요"라고 고백했다. 그리고 얼마 지나지 않아 부상이 호전되어 제대로 걸을 수 있게 되었다고 한다. 언어가 회복되면 삶도 회복된다. 말은 그 사람의 깊은 영혼 속에서 길러지는 것이기 때문이다.

"말에 실수가 없는 사람은 온몸을 다스릴 수 있는 온전한 사람"(3:2)이다. 하지만 우리 가운데 그런 사람은 없다. 앞서 경건이란 "자기를 지켜서 세속에 물들지 않게"(1:27)

하는 것이라고 말했는데, 이때 '지키다'라는 헬라어 '테레오'(τηρέω)는 '온전하다'와 관련 있다고 설명한 바 있다. 본연의 상태를 지켜 간직하는 것이 '온전함'인데, 본연의 상태란 바로 하나님의 형상 즉 하나님의 온전함이다.

세상 사람들도 말실수를 하지 않으려고 얼마나 노력하는가? 그러나 세상의 지혜와 노하우는 결코 근원적인 대처법이 될 수 없다. 인간은 온전할 수 없기 때문이다. 우리가 온전할 수 있는 길은 하나님의 말씀에 순종해서 하나님의 지혜를 간직하는 것이다. 그때에 하나님이 우리를 온전하게 지켜 주신다.

솔로몬이 "지혜를 버리지 말아라. 그것이 너를 지켜 줄 것이다. 지혜를 사랑하여라. 그것이 너를 보호하여 줄 것이다"(잠 4:6)라고 말한 이유가 여기에 있다. 잠언을 읽을 때 지혜는 예수님으로 바꾸어 읽으면 된다. 지혜이신 예수님을 의지하고 사랑하면, 하나님이 우리를 온전하게 지켜 주시고 세속으로부터 물들지 않도록 거룩하게 보호해 주신다. 우리는 온전하지 못하지만 하나님은 완벽하시다. 말의 근원이 지혜다. 즉 예수님을 붙들 때만 우리의 말도 온전함을 지향하게 된다.

작은 혀가 전체 향방을 좌우한다

언어의 다스림에 대한 세 가지 비유가 나온다. 첫째, '말(馬)의 입에 물린 재갈'이다. "말(馬)을 부리려면, 그 입에 재갈을 물"려야 하는데, 그렇게 해서 "우리는 말(馬)의 온몸을 끌고 다"(3:3)닐 수 있다. 어떤 사람은 혀를 칼처럼 써서 누군가에게 상처를 주곤 한다. 그래서 말(言)을 제어하고 통제하고 다스릴 수 있는 사람만이 온전해질 수 있다.

둘째, 말은 '큰 배의 작은 키'와 같다. "배가 아무리 커도, 또 거센 바람에 밀려도, 매우 작은 키로 조종하여, 사공이 가고자 하는 곳으로 끌고"(3:4) 간다. 작은 키가 커다란 배의 전체 향방을 좌우하는 것이다. 계시를 전하는 리더의 말은 배의 키처럼 아무리 작은 말일지라도 상대에게 큰 영향력을 미칠 수 있기에 조심해야 한다. 이때 '거센 바람'이 있다는 것을 항상 기억하자. 아무리 거센 바람일지라도 우리의 말이 지혜이신 예수님으로부터 비롯된다면, 우리 인생이 아무리 큰 짐을 지고 있더라도 하나님을 향해 나아갈 것이다.

재갈과 키는 언어를 다스리는 긍정적인 역할을 표현했다면, 셋째 비유인 '작은 불씨'는 부정적인 기능을 말한다. "혀도 몸의 작은 지체이지만, 엄청난 일을 할 수 있다고 자랑"을 하는데, 과연 "아주 작은 불이 굉장히 큰 숲을 태"(3:5)운다. 마치 담뱃불 하나가 넓은 숲을 전소해 버릴 수 있는 것처럼, 작은 혀는 모든 것을 소멸시키는 불이 될 수 있다. 모든 세상의 악이 악한 혀에서 비롯된다는 말은 과장이 아니다. 에덴동산에서 '간교한' 뱀은 "하나님이 정말로 너희에게, 동산 안에 있는 모든 나무의 열매를 먹지 말라고 말씀하셨느냐?"(창 3:1)는 거짓말로 여자를 떠보았다. 큰 악은 이렇게 속삭이듯 작은 말에서 시작된다. 혀 하나로 세상이 악의 구렁텅이로 빠져들어 갈 수 있다.

작은 혀는 "우리 몸의 한 지체"이지만 그 지체가 "온몸을 더럽"(3:6)힐 수 있다. 혀는 전 인격을 더럽힐 수 있다. 그러니 하얀 거짓말도 안 된다. 비방도 안 된다. 또 혀는 "인생의 수레바퀴에 불을 지르"(3:6)기도 한다. '삶의 수레바퀴'는 고대에 인생 전체를 표현하는 상징이다. 화염이 전 생애에 끊임없이 반복되리라는 뜻이다. 한두 번의 말실수를 그렇게까지 표현하는 것은 지나친 비약과 과장이 아닐까? 그러나 그 실수는 그냥 나오는 게 아니라는 것을 깨달아야 한다.

결국 "혀도 게헨나[14]의 불에 타 버"(3:6)리고 만다. 세속적 말들은 모두 지옥의 불과 같다. 야고보가 혀의 해악성을 이 지옥불에 비유한 것이다. "죽고 사는 것이 혀의 힘에 달렸"(잠 18:21)다. 나의 혀가 지독한 악취를 풍기며 불타는 지옥이 되지 않도록 기도하자. "혀를 잘 쓰는 사람은 그 열매를 먹는다"(잠 18:21)는 말씀을 기억하자.

내 언어의 출처는 무엇인가

인간은 들짐승까지 길들일(3:7) 수 있다. 그러나 "사람의 혀를 길들일 수 있는 사람은 아무도 없"으니 "혀는 걷잡을 수 없는 악이며, 죽음에 이르게 하는 독으로 가득 차 있"(3:8)기 때문이다. 그래서 참된 기도자일수록, 영성이 충

---

14 게헨나는 '힌놈의 골짜기'를 말하는데, 이곳은 남유다 시절에 몰렉에게 인신 제사를 지낸 범죄 현장이다. 암몬의 민족신이던 몰렉은 사람 몸에 황소 머리를 하고 있는데, 몰렉의 팔에 아이를 바치면 아이가 그 아래 불 속으로 떨어져 잔인하게 타 죽게 된다. 여기서 특히 남유다 12대 왕 아하스는 직접 "분향을 하고, 자기 아들을 불에 태워"(대하 28:3) 죽였고, 14대 왕 므낫세도 "아들들을… 번제물로 살라"(대하 33:6) 바쳤다. 그런 "역겨운 풍속"(왕하 16:3)이 성행했기 때문에 "시체와 잿더미로 가득 찬 골짜기"(렘 31:40)가 되었다. 신약시대에는 성전 제사 후에 동물 사체를 불태우는 곳이 된다. 그래서 나중에 헬라어 지명 '게헨나'는 유대 문화에서 불타는 지옥을 상징하게 되었다.

만할수록, 자기 말과 혀에 대해 스스로 자신하지 않는다. 다윗처럼 우리도 "내 입술 언저리에 파수꾼을 세우시고, 내 입 앞에는 문지기를 세워"(시 141:3) 달라고 기도하자. 제어할 수 없는 악과 치명적인 독을 다스릴 수 있는 길은 오직 주님의 보호하심뿐이다.

"우리는 이 혀로 주님이신 아버지를 찬양하기도 하고, 또 이 혀로 하나님의 형상대로 지음을 받은 사람들을 저주하기도"(3:9) 한다. 어떻게 "같은 입에서 찬양도 나오고 저주도 나"(3:10)오는가. 한 입에서 찬양과 비방이 동시에 나올 수 없다. 오늘 하루 나는 어떤 말을 했는지 돌이켜 보자. 남을 비방했는가? 그것이 내 입에서 찬양이 나오지 않는 이유다. 잘 생각해 보자. 만약 내 신세를 한탄하는 마음이 있다면 그건 사실 마음속으로 하나님을 원망하고 있는 것이다. 그것은 사람을 비방하는 것보다 더 큰 죄다.

나의 모든 말이 찬송이어야 한다. "샘이 한 구멍에서 단 물과 쓴 물을 낼 수 있겠"(3:11)는가? 그럴 수 없다. "무화과 나무가 올리브 열매를 맺거나, 포도나무가 무화과 열매를 맺을 수"(3:12) 없는 것과 같다. 만약 '짠 샘이 단물을 낸다면'(3:12), 맛은 달지라도 결국 악하고 파괴적인 영향을 끼칠 것이다.

전신희행

나에게서 나쁜 열매가 나온다면, 그것은 내가 나쁜 나무이기 때문이다. 나에게 하나님의 지혜가 없으면 나는 내 입술도 제어할 수 없다. 나의 존재 자체가 그릇되었는데 아무리 내 입에 재갈을 물리면 뭐 하겠는가. 내 입에서 피만 날 뿐이지 말을 제어할 수는 없다. 나 스스로는 나의 입을 다스릴 수 없다.

찬송하겠다고 다짐해도 나의 근본이 찬송할 수 없는 사람이면 찬송하지 못한다. 주먹 불끈 쥐고 포도 열매를 맺겠다고 결심해도 내가 포도나무가 아니면 포도를 낼 수 없다. 세상의 말은 아무리 지혜롭게 들려도 그 근원이 지혜가 아니기 때문에 잠깐 반짝하다 없어지는 허상에 불과하다.

언어의 다스림은 오직 온전하신 하나님께, 나무의 본질이자 근원이신 하나님께 맡겨야 다스려진다. 이는 우리 말의 뿌리와 출처가 오직 하나님의 말씀일 때만 가능하다는 뜻이다. 따라서 내 인생의 향방을 결정하는 입술은, 내가 말씀이신 예수님을 붙들어야 제어가 가능하다. 오직 예수님의 말씀 안에 거해야 다스림이 가능해진다.

참된 나무가 되려면 하나님의 말씀으로 새로워져야 한다. 하나님의 말씀으로 충만해져야 나의 입술과 내 인생이 온전해질 수 있다. 그렇게 할 수 있는 최고의 비결은 바로 "성령의 충만함을 받"(엡 5:18)는 것이다. 성령 충만이 곧 우리 입을 제어할 수 있는 유일한 길이다. 나의 말이 작은 키가 되어 나의 온 존재가 어디로 향할지 결정한다. 그러니 성령님께서 나의 언어생활에 재갈을 물려 주시길 기도하자.

묵상 포인트

1. 말씀을 깊이 묵상했을 때 나의 언어나 말하는 태도가 달라진 경험이 있다면 이야기해 보자.

2. 교회 안팎에서 리더의 자리에 있을 때 책임감과 사명감의 근거를 하나님의 말씀과 소명에서 찾았는지, 아니면 권력욕과 명예욕에 좀 더 이끌린 적이 있는지 이야기해 보자.

3. 말실수로 곤란한 상황에 처한 적이 있다면 그것이 단순한 실수인지, 아니면 실수가 나올 수밖에 없는 죄의 뿌리가 있는 것은 아닌지 돌아보자.

4. 나의 말이나 또는 다른 사람의 말에 의해서 어떤 상황이 돌변하거나 전체적인 분위기가 확정되는 경우가 있다면, 결과가 좋든 나쁘든 간에 그 원인을 분석해 보자.

5. 성령으로 충만할 때 말과 태도가 확연하게 달라진 경험이 있는지 생각해 보고, 다른 성도들은 또한 어떤 변화가 있었는지 돌아보자. 그리고 자신의 말과 언어를 바꾸기 위한 최선의 방법이 무엇인지 지금 결단해 보자.

6

영적 전쟁을 이기는 지혜

언어란 '존재의 집'이다

야고보서 3장에서 두 가지 주제는 '말'과 '지혜'다. 참된 믿음은 행함으로 나타나는 뚜렷한 결과들로 그 진정성이 밝혀진다. 그리고 행함의 단적인 예가 '말'이다.

독일의 철학자 마르틴 하이데거는 "언어는 존재의 집이다"라고 말했다. 언어는 단지 수단이 아닌 존재의 집으로서 인간은 그 언어 속에 거주한다. 언어가 없다면 존재에 대해 말할 수가 없다. 그래서 오히려 존재가 언어로 우리에게 말을 건다. 우리는 이러한 존재의 언어에 대해서 경험해야 한다. 이런 의미에서 언어가 존재의 집이며 그런 집에 우리가 살고 있다. 이런 측면에서 데카르트는 틀렸다. 그는 "나

전신희행

는 생각한다. 그러므로 나는 존재한다"라고 말했기 때문이다. 생각하기에 존재하는 것이 아니라 존재하기에 생각하는 것이 맞다. "세상이 하나님의 말씀으로 지어졌다는"(히 11:3) 것이 옳다.

말은 단순한 도구가 아니라 우리 존재의 시작점이다. 말은 우리 몸에서 작은 혀를 통해 전해진다. 말은 매우 일상적인 활동이지만, 이 작은 혀를 제어하지 못하면 우리의 말 속에서 수많은 어둠의 세계가 싹트고 거기에 동화될 수 있다. 그렇게 언어를 통해 우리 존재가 하나님께로 향하는지, 세상으로 이끌려 가는지 알 수 있다.

언어가 없다면 문명은 불가능하다. 문명도 언어를 통해 건축된 것이다. 언어 속에 우리 존재가 거주한다. 그런데 성경에서는 언어조차도 더 근본적인 것에서 출발한다. 그 언어의 시작은 바로 말씀이 육신이 되어 우리에게 오신 예수님이다. 진정한 언어의 시초인 하나님, 말씀으로 세상을 창조하신 그 하나님이 우리와 함께하신다. 모든 언어는 하나님의 지혜로부터 말미암는다.

이제 3장의 두 번째 주제인 '지혜'로 나아간다. 말과 지혜는 따로 떨어져 있지 않고 서로 연결되어 있다. 말은 나무가 열매를 맺는 원리와 같다. 본성이 악하면 아무리 입을 제어한들 선을 가장할 수는 있을지라도 결코 말을 통제할 수 없다. 인간이 스스로 자기 혀와 말을 제어한다는 것은 어려운 문제다. 우리 말의 근원이 무엇인지가 중요하다.

지혜는 온유함으로 드러난다

3장에서 말과 지혜를 함께 다루는 데는 이유가 있다. 지혜 있는 사람은 "착한 행동을 하여 그의 행실을 나타내"(3:13) 보여야 한다. "나무는 각각 그 열매를 보면" 아는데 "가시나무에서 무화과를 거두어들이지 못하고, 가시덤불에서 포도를 따지 못한다"(눅 6:44).

이제 세상적이고 마귀적인 악한 지혜와 하늘나라로부터 비롯된 선한 지혜가 대조된다. 야고보는 먼저 "여러분 가운데서 지혜 있고 이해력이 있는[15] 사람이 누구입니까?"(3:13)라고 묻는다. 일반적인 지혜를 가리키는 게 아니라는 것을 알 수 있다. 교회 공동체에 속한 성도들 가운데 전문가적인

---

15 여기서 '지혜 있는'으로 번역된 '소포스'(σοφός)는 '현명한', '꾀 많은', '경험 많은' 등을 뜻하고, '이해력이 있는'으로 번역된 '에피스테몬'(ἐπιστήμων)은 전문가적인 지식이 있어서 이해력이 빠른 것을 의미한다.

기술을 갖고 있으며 사회적 위치로 인해 경험이 많은 사람을 지칭한다. 하지만 야고보는 그런 일반적인 기준을 경계하는 수사학적인 물음을 던지고 있다.

사회적 지위도 있고 똑똑한 사람이 교회 안에 들어오면, 타의에 의해서든 자의에 의해서든 금방 리더로 등용되는 경향이 있다. 야고보는 이렇게 우수한 인재라고 해서, 다시 말해서 세상에서 인정받은 지혜가 교회 공동체 내에서 중요한 역할을 맡는 충분조건일 수 없다는 것이다.

아무리 석·박사 학위가 있고 오랫동안 전문직에 몸담은 사람일지라도, 그 지혜가 하나님으로부터 온 것인지 반드시 확인되어야 한다. 다시 말해, 그러한 사람은 "착한 행동을 하여 그의 행실을 나타내 보"(3:13)여야 하는데, 여기서 '착한'으로 번역된 헬라어 '칼로스'(καλός)는 히브리어 '토브'에 해당한다. '토브'는 천지창조 때 "하나님이 보시기에 좋았더라"(개역개정 창 1:4)에 사용된 단어다. 착한 행실이란 하나님의 재창조에 동참하는 행동 즉 하나님의 구원과 심판을 이뤄 나가기에 합당한 행동을 말한다.

그래서 그 일은 "지혜에서 오는 온유함으로 행"(3:13)한다. 우월한 유전자에서 오는 세속적 지혜가 아니다. 잠언에서 지혜는 예수님을 가리킨다고 말한 바 있는데, 여기서 지혜(소피아)가 바로 예수님에게서 비롯된 지혜를 말한다. 세상에서 인정하는 지적 수준과 전문적 자격을 갖추지 못했을지라도 하나님의 지혜를 갖는다면 그 누구보다 지혜로운 분별력을 갖게 된다. 대부분 배움이 짧고 가난한 어부 출신이던 예수님의 제자들이 바로 그런 사람들이 아닌가. 신비로운 일이 아닐 수 없다.

그런데 하나님의 지혜에서 비롯된 행동인 말에는 '온유함'이라는 성품이 있다. 말은 '온유함 안에서 비롯된 선한 행실'이어야 한다. 성경이 말하는 '온유'(프라우테스. πραΰτης)는 세상에서 말하는 착하고 부드러운 성격을 뜻하지 않는다.

예수님은 "나는 마음이 온유하고 겸손하니, 내 멍에를 메고 나한테 배워라. 그리하면 너희는 마음에 쉼을 얻을 것이다"(마 11:29)라고 말씀하셨다. 온유함에서 무엇인가가 나오는데, 그것이 바로 하나님의 지혜다. 신구약 모두 '지혜'가 의인화되는 데는 이유가 있다. "지혜가 길거리에서 부르며"(잠 1:20), "지혜가 악한 사람의 길에서 너를 구하고"(잠 2:12), "지혜가… 깨우쳐"(전 2:9) 준다.

욥기, 잠언, 전도서와 같은 지혜문학에서 빈번히 등장하는 '지혜'는 대체로 예수님을 가리킨다. "지혜(예수님)를 찾는 사람은 복이 있고"(잠 3:13), '지혜(예수님)를 사랑해야 지혜(예수님)의 보호를 받는다'(잠 4:6). 이러한 하나님의 지혜는 온유한 행동 즉 온유한 말로 드러날 수밖에 없다.

온유함은 나 자신뿐 아니라 타인의 일탈과 연약함까지도 다스리는 놀라운 능력이다. 하나님의 온유한 성품은 다른 모든 연약함을 온유함 안에 가두어 다스리신다. 따라서 성도의 정복 전쟁은 온유함을 통해 영토를 확장해 나가는 것이다(마 5:5).

시기심에서 벗어나는 길

이 세대는 영적 전쟁 가운데 있다. 하나님의 지혜에서 비롯된 말과 행실은 온유함으로 드러난다. 반대로 사탄의 말과 행실을 보자. 온유한 말과 행동의 반대가 "지독한 시기심과 경쟁심(야심)"(3:14)이다. 그것은 "진리를 거슬러 속이"(3:14)는 것이다. 먼저 시기심은 '젤로스'(ζῆλος)인데, 원래 '열정'이라는 뜻도 있지만 주로 '질투심'으로 많이 쓰였다.

그래서 야고보는 '지독한' 질투심 또는 '쓰라린' 질투심이라고 부정적인 형용사를 붙였는데, 이는 야고보 자신이 시기심에서 비롯된 적대감을 겪었고 그것이 얼마나 지독한지를 경험했기 때문이다. 시기심은 타인의 가치를 무분별하게 깎아내리려는 직간접적인 시도다. 남을 무너뜨리려는 악한 세상적 지혜다.

예를 들면, 상대에게 장점이 있는데도 단점만 이야기한다든가, 그 사람의 가치가 별것 아니라는 식으로 말하는 경우가 많다. 그렇게 타인의 가치를 무너뜨려야 자신의 가치가 올라간다고 착각한다. 심리학자 하야미즈 도시히코는, 이것을 '가상적 유능감'이라고 명명한다. '가상적 유능감'은 특히 왕따 문화를 만드는 데 일조하는데, 누군가에 대하여 은근히 흠잡는 말을 하는 것은 대부분 이러한 심리에서 비롯된다.

그런데 시기심은 열등감에서 시작한다. 자신을 돋보이게 하려고 남을 깎아내리는 심리나 자신을 과대평가하는 착각 모두 그 기원은 열등감에 있다. 그런데 사실상 우리 가운데 열등감 없는 사람은 없다. 그래서 열등감이 전혀 없는 예수님이 우리 가운데 임하셔야 우리가 그 지독한 시기심에서 벗어날 수 있다.

계시록의 왕들은 누구인가

'경쟁심'으로 번역된 '에리데이아'(ἐριθεία)는 '이기적인 야심'을 뜻하며, 영어에서는 'selfish ambition'으로 번역된다. 시기심이 늘 타인을 의식하는 사람이 타인에게 인정받지 못할 때 받은 상처에서 비롯된 자기방어적인 기제라면, 경쟁심은 거기서 한 걸음 더 나아가 인정받기 위해 자기 존재감을 적극적으로 드러내는 시도들이다. 이는 과장이나 비방이나 거짓말을 통해 대결 구도를 만든다. 그래서 경쟁심은 필연적으로 분열과 다툼을 초래한다.

바울이 이 단어를 사용한 용례를 살펴보자. 성령의 행실과 반대되는 '육체의 행실'은 "음행과 더러움과 방탕과 우상숭배와 마술과 원수 맺음과 다툼과 시기와 분냄과 분쟁(에리데이아)과 분열과 파당과 질투와 술 취함과 흥청망청 먹고 마시는 놀음"(갈 5:19-21) 같은 것들이다. 여기서 '에리데이아'가 파당을 만들어 다툼을 일으킨다는 뜻으로 사용되었다.

야고보가 말하는 경쟁심은 건전한 열정이 아니라 '이기적인 야심'이다. 자신이 주인공이 되기 위해 자기주장을 강하게 해서 다툼과 분열을 야기하는 행동이다. 사도 요한은 이런 본성을 가진 인간들에 대하여 용(사탄)이 전쟁 준비를 위해 모으는 "왕들"(계 16:14)이라고 말했다. 그러니 이런 성향을 드러내는 사람은 스스로 지혜롭다고 생각하면 안 되며 "자랑하지 말"(3:14)아야 한다. 그 지혜는 하나님의 온유함에서 나오는 신적 지혜가 아니라 "진리를 거슬러 속이"(3:14)는 세상 지혜이기 때문이다. 즉 시기심과 경쟁심에서 나오는 말은 진리를 대적하는 행동이다.

'진리를 대적하는' 것은 적그리스도적인 성향이다. 질투와 이기적인 야심은 결국 예수님을 주인으로 인정하지 않고 자신이 스스로 왕이 되려는 적그리스도적인 성향이다. "이러한 지혜는 위에서 내려온 것이 아니라, 땅에 속한 것이고, 육신에 속한 것이고, 악마에게 속한 것"(3:15)이다.

세상 지혜도 하나님의 지혜와 같은 단어 '소피아'(σοφία)를 사용하지만, 원천 자료가 다르다. 시기심과 경쟁심은 육체의 정욕에서 비롯된 것이며 마귀적인 것이다. 그래서 바울은 "내가 전에도 여러분에게 경고하였지만, 이제 또다시 경고합니다. 이런 짓을 하는 사람들은 하나님의 나라를 상속받지 못할 것입니다"(갈 5:21)라고 분명하게 말하였다.

'위에서' 오는 성령의 지혜

"시기심과 경쟁심이 있는 곳에는 혼란과 온갖 악한 행위가 있"(3:16)다. 말에 대한 야고보의 권면은 성공학이나 자기계발을 위한 처세술이 아니다. 야고보는 우리가 살고 있는 세상이 하나님의 나라와 어둠의 세계가 맞붙은 전쟁터라는 점을 강조하고 있는 것이다. 그러니 시기심과 경쟁심으로부터 떠나고, 질투와 야심이 있는 곳도 피해야 한다. 그렇지 않으면 모르는 사이에 상대와 똑같은 시기심과 야심을 갖고 대적하게 된다.

성도는 하나님의 지혜를 구해야 한다. "위에서 오는 지혜는 우선 ① 순결하고, 다음으로 ② 평화스럽고, ③ 친절하고, ④ 온순하고, ⑤ 자비와 ⑥ 선한 열매가 풍성하고, ⑦ 편견과 ⑧ 위선이 없"(3:17)다.

하나님의 지혜는 '위에서 오는 지혜'다. 여기서 '위에서'를 뜻하는 단어 '아노덴'(ἄνωθεν)을 예수님이 어떤 뜻으로 쓰셨는지 살펴보자. 예수님이 밤에 자신을 찾아온 니고데모에게 "누구든지 다시(위에서) 나지 않으면, 하나님 나라를 볼 수 없다"(요 3:3)고 말씀하셨다. "다시(위에서) 태어나야 한다고 내가 말한 것을… 이상히 여기지 말아라"(요 3:7)고 하셨는데, 여기서 '다시'(위에서)가 '아노덴'이다.

그렇다면 '다시(위에서) 태어나야' 한다는 것은 무슨 뜻일까? 예수님은 '위에서 태어나야' 한다고 말씀하신 다음에 "성령으로 태어난 사람"(요 3:8)을 언급하셨다. "바람은 불고 싶은 대로 분다. 너는 그 소리는 듣지만, 어디에서 와서 어디로 가는지는 모른다. 성령으로 태어난 사람은 다 이와 같다"(요3:8) 즉 '성령으로 태어난 사람'이 '위에서' 태어난 거듭난 사람이다.

따라서 '위에서 오는 지혜'(아노덴 소피아, ἄνωθεν σοφία)는 성령님이 주시는 지혜다. 우리는 성령으로 거듭난 사람이기에 신적 지혜, 곧 하늘로부터 온 지혜를 담지한 사람들이다. 하나님의 말씀에 순종함으로써만 시기심과 이기적 야심이 역사하는 세상의 전쟁터에서 승리하여 샬롬을 얻을 수 있다.

앞에서 '위에서 오는 지혜'가 여덟 가지로 언급되었는데, 이는 교회 공동체를 위한 축복이다. 이중에서 다섯 번째 '엘레오스'(ἔλεος)는 자비와 긍휼을 뜻하는데, 특히 하나님의 심판을 인지한다는 것을 전제하며 이러한 마음은 구체적으로는 구제라는 실천으로 나타난다.

가장 큰 적은 무엇인가

하늘로부터 오는 지혜 중에서 야고보는 특히 '평화'(화평)을 한 번 더 강조한다. "정의의 열매는 평화를 이루는 사람들이 평화를 위하여 그 씨를 뿌려서 거두어 들이는 열매"(3:18)다. 하늘에서 비롯된 지혜의 여러 가지 특징이 열매 맺은 결과가 '샬롬'이다. 그래서 팔복 가운데 "화평하게 하게 하는 자"는 "하나님의 아들이라 일컬음을 받을 것"(개역개정 마 5:9)이다.

우리는 샬롬을 낳는 사람이 되어야 한다. 샬롬 안에 모든 것이 담겨 있다. 화평의 씨를 뿌려서 의의 열매를 거두어야 한다. '의'를 가리키는 헬라어 '디카이오쉬네'(δικαιοσύνη)는 하나님이 인정하는 정의를 말한다. 작은 씨앗을 뿌림으로써 샬롬이라는 엄청난 의의 열매를 맺는 것이다.

구약에서 샬롬은 사실 전쟁 용어다. 아브라함이 롯을 구하기 위해 큰 전쟁을 치르고 돌아왔을 때, "가장 높으신 하나님의 제사장"(창 14:18)인 살렘 왕 멜기세덱이 그를 맞이했다. 여기서 '살렘'이 바로 성경에서 처음으로 등장하는 '샬롬'이며, 예루살렘을 가리킨다. 또한 성경에서 마지막으로 언급되는 '샬롬'은 요한계시록에 나타난다. "거룩한 도성

새 예루살렘이… 하나님께로부터 하늘에서 내려"(계 21:2)옴으로써 하나님의 나라가 완성되는데, 이는 "악마도 불과 유황의 바다로 던져"(계 20:10)지고 "사망과 지옥이 불바다에 던져"(계 20:14)짐으로써 이루어지는 완전한 샬롬이다. 이처럼 하나님의 평화는 영적 전쟁에서 승리한 결과다.

그런데 가장 큰 적은 나 자신의 시기심과 경쟁심이다. 한 집사님은 회사에서 승진할 기회가 있을 때마다 이런저런 모함으로 고배를 마셨는데, 그 과정에서 자신에게 이기적인 야심이 정의라는 이름으로 포장된 채 숨어 있었다는 것을 깨닫고는 회개하게 되었다고 한다. 우리가 옳다고 생각하는 것이 하나님이 인정하시는 '의'인지 자신의 '의'인지 그 출처를 확인해야 한다. 무엇보다도 나 자신이 거룩한 성전이 되어 하나님 나라를 이루어 나가는 데 합당한 영적 군사가 되어야 한다.

샬롬은 사탄을 이기고 이루어 낸 하나님의 나라다. 우리는 이 땅에 영적 군사로서 보냄 받은 사명자들이다. 시기심과 경쟁심이라는 사탄이 세상에 뿌려 놓은 지혜에 맞서기 위해, 우리는 성령님이 주시는 하나님의 지혜로 무장해야 한다.

나는 지금 다툼과 분열을 초래하는 세상 지혜를 좇고 있

전신희행

는지, 아니면 샬롬을 이루는 하나님의 지혜에 순종하고 있
는지 먼저 스스로를 돌아보자.

묵상 포인트

1. 하나님의 지혜는 온유함으로 드러난다. 이것을 깨달은 경험이나 묵상이 있다면 이야기해 보자.

2. 누군가에게 시기심을 느끼거나 누군가로부터 시기당한 적이 있다면, 그 원인을 분석해 보자.

3. 아무리 똑똑한 사람이 논리적인 말을 하더라도, 세상의 지혜는 경쟁심을 유발하고 결국에는 다툼을 일으킨다. 그 이유를 생각해 보자.

4. 영적 전쟁에서 승리하면 샬롬이 임한다. 내 삶 가운데 그런 경험이 있다면 이야기해 보자.

5. '위에서 오는 지혜'는 성령님이 주시는 지혜인데, 예수 그리스도를 믿고 거듭난 그리스도인들에게는 이와 같은 특별한 지혜가 있다. 그리스도인이 된 후 성령님이 주시는 특별한 지혜와 그 결과에 관하여 경험한 것이 있다면 이야기해 보자.

온유함은 나 자신뿐 아니라 타인의 일탈
과 연약함까지도 다스리는 놀라운 능력이
다. 하나님의 온유한 성품은 다른 모든 연
약함을 온유함 안에 가두어 다스리신다.

4부

기도하라

우리의 말과 언어를 지배하는 근본적인 세계가 있다. 그것은 지혜다. 3장에서 두 종류의 지혜를 보았다. 하나는 "땅에 속한 것이고, 육신에 속한 것이고, 악마에게 속한 것"(3:15)인데, 이는 지독한 "시기심과 경쟁심(이기적인 야심)"(3:14)을 낳기 때문에 필연적으로 온갖 불화를 가져온다. 다른 하나는 "위에서 오는 지혜"(3:17)로서 평화를 가져오기 때문에 필연적으로 "정의의 열매"(3:18)를 맺는다. 결국 예루살렘 즉 '평화의 성읍'과 '평강의 왕 예수님'이 임하는 것이다. 하나님의 지혜를 좇을 때 비로소 하늘에는 영광, 땅에는 평화가 깃든다.

우리는 나의 판단과 내가 쌓은 지식으로 살아가는 것 같지만, 우리가 만들어 내는 모든 결과의 출처는 사실상 이 두 가지에 속한다. 하나는 악의 근원에서 나오는 영악한 지혜이고, 다른 하나는 하나님을 아는 지식을 포함하는 지혜다. 사탄의 지혜는 필연적으로 다툼을 낳는 반면, '위에서 오는 지혜'의 두드러진 특징은 '샬롬'이다. 사실상 모든 화두는 전쟁과 평화, 이 두 가지로 나누어진다. 나의 생각과 행동은 어디에서 비롯된 것일까?

4장에서는 세상의 지혜와 하늘의 지혜가 좀 더 구체적으로 설명된다.

7

이기는 기도 전략

무엇과 싸워야 하는가

'무엇 때문에 싸움이나 분쟁이 일어나는가?'라고 야고보는 불화의 근원에 대해 화두를 던진다. 전쟁은 "지체들 안에서 싸우고 있는 육신의 ① 욕심(정욕)에서 생기는 것"(4:1)이다. 여기서 싸움과 분쟁의 당사자는, 우리를 핍박하는 세상이 아니라 교회 공동체 내에 있는 지체들이다. 싸움의 근원이 외부에 있지 않다. 싸움의 원인은 우리 자신 내부에 있으며, 이는 곧 '욕심'이다.

헬라어 '헤도네(ἡδονή)'는 향락과 쾌락을 뜻하며, 여기서 '헤도니즘'(hedonism)이라는 '쾌락주의'가 유래했다. 단순히 성적 유희만을 말하는 게 아니라 세속적인 모든 욕망을 말

전신희행

한다. 이 단어는 신약에서 다섯 번 나오는데 모두 부정적으로 사용되었다. 예수님의 씨앗 비유에서 '가시덤불에 떨어진 씨들'을 보자. 그들은 말씀을 듣긴 하지만 "근심과 재물과 인생의 향락에 사로잡혀서, 열매를 맺는 데에 이르지 못하는 사람들"(눅 8:14)이다. ② '향락'(헤도네)에 사로잡히면 말씀을 들어도 열매를 맺지 못한다.

바울은 예수님을 믿기 전의 우리를 "어리석고, 순종하지 아니하고, 미혹을 당하고, 온갖 정욕과 ③ 향락(헤도네)에 종노릇 하고"(딛 3:3) 산 것으로 묘사한다. 베드로는 "정욕에 빠져서 육체를 따라 사는 자들"(벧후 2:10)을 "대낮에 흥청대면서 먹고 마시는 것을 낙으로 생각"(벧후 2:13)하는 사람이라고 설명한다. 술 취하는 것을 ④ '낙'(헤도네)으로 생각하는 사람들은 "지각없는 짐승들"(벧후 2:12)과 같다고 했다. 성도들조차 "⑤ 쾌락을 누리"(4:3)고자 기도하는 사람들이 있다. 불화의 불씨가 나 자신과 교회 내부에서 생기는 이유다.

정욕은 본질상 그 갈망을 점점 더 키워 가는 특징이 있다. 하지만 자원은 한정되어 있으므로 경쟁이 더욱 치열해져서 결국 시기, 다툼, 전쟁으로 갈 수밖에 없다. 하나님께 순종하지 않으면 모두 '정욕'(헤도네)의 노예로 살아갈 수밖에 없는 이유가 여기에 있다. 우리 자신이 금욕해서 될 일이 아니다. 정욕을 이기는 길은 오직 기도뿐이다. 진실로 기도해야 한다. 그러나 많은 기도를 해도 중언부언하면 하나님은 듣지 않으실 것이다.

향락이나 정욕과 같은 것은 방탕하는 자와 범죄자들에게나 해당한다고 생각한다면 오산이다. 정욕으로 번역되는 육신의 욕심은 근본적으로 '가능성으로서의' 욕망이다. 육신을 가진 인간이라면 모두에게 내재된 욕망이며, 살아 있는 한 이 욕망에서 완전히 벗어날 수 없다. 그래서 인간은 이 욕망을 충족하기 위해 끊임없이 투쟁하며 전쟁까지 불사한다.

우리 인생은 모두 어떻게든 점잖게 욕망을 채울 수 있는 방법을 찾고 그 목표를 쟁취하려는 싸움의 도상에 있다. 결국 자기 욕망을 취하기 위해 누군가를 희생시키고 지배하기 마련이다. 사람이 세상 실정법의 한계를 이용해서 얼마든지 욕망을 채울 수 있을지라도, 내면을 감찰하시며 그 중심을 살피시는 하나님의 눈은 피할 수 없을 것이다.

나의 욕심을 이기는 길

인간이 "욕심을 부려도 얻지 못하면 살인을 하고, 탐내

전신희행

어도 가지지 못하면 다투고 싸”(4:2)우는 이유가 무엇인가? 우리는 무언가를 끊임없이 갈망하지만 그 갈망은 결코 채워질 수 없는 것이기 때문이다. 욕심과 탐심은 아무리 채워도 그 갈증을 결코 만족시킬 수 없다. 더 많은 욕심과 더불어 더 심한 갈증을 초래할 따름이다. 욕망하는 것을 이루면 성취감을 느끼겠지만 그것도 잠시뿐이며 또다시 허기지고 공허만이 남을 뿐이다. 인간의 궁극적인 만족은 오직 하나님으로만 채워질 수 있기 때문이다. 우리는 왜 아무것도 얻지 못하는 정욕에 지배되는가?

우리가 참된 만족을 “얻지 못하는 것은 구하지 않기 때문”(4:2)이다. ‘구하다’(아이테오, αἰτέω)는 하나님께 기도하는 것을 말한다. 정욕에 지배되어 다툼과 싸움을 일삼지만 아무것도 얻지 못하는 것은 기도하지 않기 때문이다. 결국 정욕을 극복하는 비결은 금욕이 아니라 기도인 것이다. 성도가 원하는 진정한 만족과 성취는 오직 기도에 달려 있다. 야고보는 예수님의 말씀을 기억하며 전하는 것임이 분명하다. 산상수훈에서 말씀하신 ‘구하라, 찾으라, 문을 두드리라’는 명령이 그것이다(마 7:7). 특히 믿음의 사람이 원하는 것을 얻으려면 다른 어떤 것보다 하나님의 지혜를 얻으려고 기도해야 한다는 사실은 야고보서를 처음 시작할 때 이미 강조했다(1:5). 그렇다. 우리가 구할 것은 오직 "위에서 오는 지혜"(아노덴 소피아)(3:17)다. 그때에 우리 영혼이 진정한 만족과 성취를 얻을 수 있다. 그것은 오직 구하는 삶, 곧 기도로 이루어진다.

앞에서 '위에서' 오는 지혜는 '성령님이 주시는' 지혜라고 설명한 바 있다. 하나님이 주시는 지혜를 구하지 않으면 우리는 끊임없이 내 정욕을 채우기 위해 살아가는 욕망의 노예가 될 수밖에 없다. 하나님이 주시는 성령의 지혜대로 살거나 나의 욕망을 채우기 위한 세상 지혜로 살거나, 이 두 가지 길밖에 없다.

기도해도 얻지 못하는 이유

그런데 왜 기도하는데도 만족하지 못하는 것일까? "구하여도 얻지 못하는 것은 자기가 쾌락을 누리는 데에 쓰려고 잘못 구하기 때문"(4:3)이다. 우리가 끊임없이 기도하는데도 여전히 욕망 가운데 헤매고 있다면, 내가 무슨 기도를 하고 있는지 진지하게 살펴봐야 한다. 나의 기도에 심각한 문제가 있지는 않은지 돌아봐야 한다.

전신희행

달리 말하면, 우리 자신의 정욕을 만족시키기 위해, 그리고 자신의 정욕에서 비롯된 다툼과 싸움을 위해 하나님께 기도했을지도 모른다. 지금도 그렇게 기도하고 있는지도 모른다.

어떻게 이런 일이 일어날 수 있을까? 그렇다. 심지어 빈번히 일어날 수도 있다. 왜냐하면 '정욕'(헤도네)의 의미가 매우 근본적이기 때문이다. 야고보서 본문 전체에서 생각해 보면 그렇다. 예를 들면, 다른 형제보다 더 많이 소유함으로써 인생의 자랑으로 삼는 것은 매우 정욕적인 것이다 (2:3-4). 그들은 그것을 이루기 위해 오늘도 기도할지 모른다. 또 예를 들면, 형제의 부요와 성공, 승리와 형통을 시기하는 열등감에서 원망과 미움을 품고 기도하고 있을지도 모른다. 우리가 얻지 못함은 야고보가 지적한 대로 악한 동기를 가지고 '정욕'대로 구했기 때문이다. 이런 그릇된 동기는 악할 뿐이다.

이제 우리 기도가 바뀌어야 한다. 기도의 언어와 주제가 바뀌어야 한다. 나의 소망과 비전이 바뀌어야 한다. 우리 입술에는 연신 주님의 이름이 있는데 마음은 온통 자기 세계에만 있다면, 기도라는 형식은 취했어도 기도 본연의 세계는 펼쳐지지 않는다.

하나님을 감동시키는 기도

야고보는 기도가 응답받지 못하는 이유는 잘못된 동기로 자기 정욕을 위해 기도를 이용하기 때문이라고 분명히 지적한다. 오랫동안 꾸준히 기도 생활을 했다고 자부하는가? 내 안에 세속적인 자리 확보와 경쟁적인 성취욕이라는 자기만족을 우선순위로 두고 있다면, 기도의 내용을 점검해 봐야 한다. 나의 욕망에서 비롯된 기도의 열심은 기도를 나의 잘못된 동기에 이용하는 행위에 불과하다.

이런 마음이 나한테 없다고 생각하는가? 하지만 이 시대를 사는 사람은 누구든지 끊임없이 누가 높고 낮으며 누가 나보다 더 경쟁력 있고 뒤떨어지는지 견주고 또 견준다. 이 세상은 그런 판단 기준이 지속적으로 내 안에 잠재되도록 이끌고 있다. 그러니 육체의 욕망에서 나오는 '시기심과 경쟁심(이기적인 야심)'에 지배당하고 있음을 인정하지 않을 수 없다.

우리 안에 있는 시기심은 평범한 시기심이 아니라 야고보가 말하는 대로 '지독한 시기심'이다. 그런데 이것은 세상 사람이 아니라 교회 내부 성도들을 향한 지적과 경고라는 점을 잊으면 안 된다. 내 기도의 동기가 어떠한지 스스로 돌아보아야 한다. 정욕으로 구하는 기도는 성령의 간구가 아니라 다른 종교에서도 하는 자기 열심의 행위다.

정욕과 쾌락은 이상한 사람들에게만 해당되는 것이 아니다. 열등감에서 비롯된 보상심리로 기도하기도 한다. 형제의 성취를 시기하는 육체의 욕망 때문에 기도하기도 한다. 야고보가 앞서 "진리를 거슬러 속이지"(3:14) 말라고 경고했다. 스스로 속고 있는 것은 아닌지 점검해야 한다. 이런 마음들을 버리지 못하고 말씀에 귀를 돌린다면, 하나님은 "그의 기도마저도 역겹게"(잠 28:9) 여기실 것이다. 그러니 기도를 계속하고 있다고 자랑하기보다, 무슨 기도를 하고 있는지 깊이 들여다보아야 한다.

기도의 본질은 우리가 원하는 것을 하나님으로부터 얻어 내는 것이 아니라 하나님으로 인해 우리가 변화되어서 하나님께서 우리에게 원하시는 것을 우리가 구하여 얻는 것이다. 예수님이 직접 가르쳐 주셨다. "하늘에 계신 우리 아버지, 그 이름을 거룩하게 하여 주시며"(마 6:9)라고 기도해야 한다. 나의 성공이 아니라 하나님의 영광을 위해 기도해야 한다. 예수님은 로마의 압제 아래서 가난한 목수 집안의 장남이었지만, 자신의 미래나 경제적인 회복이 아니라, "그 나라를 오게 하여 주시며, 그 뜻을 하늘에서 이루심 같이, 땅에서도 이루어"(마 6:10) 달라고 기도하셨다.

기도는 자기의 이름, 자기의 영역, 자기의 뜻이 이루어지는 것이 아니라 아버지의 이름, 아버지의 나라, 아버지의 뜻이 이루어지기를 간구하는 것이다. 솔로몬의 기도를 기억하자. "듣는 마음"(개역개정 왕상 3:9), 즉 하나님의 백성을 다스리기 위해 하나님의 지혜를 구했을 때, 하나님은 솔로몬이 구하지 않은 다른 모든 것까지 주셨다. 하나님을 감동시키는 기도를 해야 한다. 우리의 기도가 이렇게 달라져야 한다.

기도의 목적은 내가 원하는 것을 하나님께 강요해서 얻어 내는 것이 아니다. 이것은 우상숭배자들이 하는 기도 방식이다. 하나님이 원하시는 뜻을 따라 내가 변하는 것이 기도의 목적이다. 기도의 방향과 출처와 목적을 점검하자. 내가 기도에 열심을 내어 나의 목적을 달성하려는 것인지, 성령님이 원하시는 기도를 하기 위해 나의 욕망을 십자가에 못 박고 있는지 살펴보자.

간음의 영적 의미

그런데 야고보가 갑자기 간음하는 여인들을 향해 경고

한다. 기도 얘기를 하다가 왜 갑자기 간음한 여인에게 시선을 돌리는가? 성경에서 '여성'은 주로 예수님의 신부로서 하나님의 백성을 상징하고, 순결을 지키지 않는 '간음'은 대체로 거룩하신 하나님 앞에서 행하는 우상숭배를 상징하기 때문이다. 따라서 간음은 하나님께 대한 그의 백성의 배신과 연결된다.

육적 간음은 사실상 영적 간음과도 연결돼 있다. 육체의 정욕을 따르는 것은 "세상과 벗"하는 것이며, 이는 곧 "하나님의 원수가 되는 것"이기 때문이다(4:4). 그래서 정욕으로 구하는 기도는 영적 간음과 연결된다. 왜곡된 기도와 성령으로 기도하지 못하는 실패가 우리를 얼마나 위험한 상황에 빠지게 할 수 있는지 알려 준다. 기도의 실패는 곧 우상숭배이며, 이는 세상과 친구 되어 하나님과 원수가 되는 결과를 낳는다.

우리 안에는 이런 영적 간음이 뿌리 깊이 내려 있다. 스스로 진로를 건강하게 개척해 나가는 것과 어떻게든 세상의 유력자들과 벗하여 그들이 제공하는 안전과 유익을 향유하려는 욕망을 구분해야 한다. 우리는 세상에서 소외당하지 않으려고 부단히 노력한다. 세상의 시스템에서 이탈되지 않으려고 세상의 욕망을 함께 욕망한다. 그러나 그것은 하나님과 원수 되는 길이다.

하나님이 "너희는 다른 신에게 절을 하여서는 안 된다"(출 34:14)고 경고하신 이유는, 하나님은 "질투(칸나,אֵל)라는 이름을 가진, 질투하는 하나님"(출 34:14)이시기 때문이다. 하나님은 "삼키는 불이시며, 질투하는 하나님"(신 4:24)이시다. 야고보는 하나님의 질투에 대해 오해하지 않도록 "너희는 하나님이 우리 속에 거하게 하신 성령이 시기하기까지 사모한다 하신 말씀을 헛된 줄로 생각하느냐"(개역개정 4:5)라고 해석해 준다.[16] 여기서 '시기하기까지 사모한다'의 주어는 '성령'이다. 성도 안에 내주하시는 성령께서 질투하실 때 성도는 마음으로 그것을 느낄 수 있다. 그런데 어떻게 우리가 그 거룩한 시기심(질투심)으로 우리를 사랑하시는 그분을 저버리고 세상과 벗이 될 수 있겠는가?

질투하시는 하나님이 부담스러운가? 당연한 것을 당연하게 생각하지 않는 우리가 문제다. 하나님 사랑의 진정성은 누구에게나 해당되는 보편성으로는 설명되지 않는다. 하나님의 사랑은 자기에게만 충실해야 하는 부부관계와 같이 유일하고도 특별하며 배타적인 성격을 갖고 있다. 하나

---

16 새번역은 '성령'을 '질투하다'의 목적어로 보았다. 성부 하나님이 성도 안에 내주하시는 '성령'을 질투하도록 성도를 사랑하신다는 견해다.

전신희행

님은 우리 하나하나를 향해 유일하고도 독특한 사랑의 열정을 갖고 계신다. 그래서 우리가 다른 주인을 섬기는 우상숭배에 빠지지 않고 거룩한 하나님의 백성이 되길 원하신다.

그런데 우리는 세상에 눈을 돌리느라, 세상 사람들의 욕망을 욕망하느라 그 크신 하나님의 사랑을 배반하곤 한다. 하나님은 신랑으로서 자기 백성이 하나님만을 바라보는 순결한 신부가 되길 원하신다. 사랑의 관계는 유일무이해야 정상이다. 사랑을 공유하려고 하니 문제가 된다. 사랑을 공유한다면 그 사랑의 실체는 거짓이다.

하나님이 유일한 벗이어야 하는데 세상을 동경하고 그리워한다. 그것은 "두 주인을 섬기"(마 6:24) 는 것이다. 여기서 우리 기도가 정욕으로 구하는지 성령으로 구하는지가 갈리게 된다. 세상의 욕망을 구하고자 하는 우리의 본성적인 욕망을 어떻게 극복할 것인가? 다음 장에서 그 비밀을 이야기하려고 한다.

묵상 포인트

1. 개인과의 관계에서 또는 공동체에서 심각한 불화를 겪은 일이 있다면, 그 근본적인 원인이 무엇인지 분석해 보자.

2. 오랫동안 또는 간절히 기도한 것이 이루어지지 않았다면, 아직 하나님의 때가 되지 않은 것인지, 아니면 잘못 구하고 있는 것인지 그 이유를 생각해 보자.

3. 우상숭배는 하나님을 배신하는 영적 간음이다. 그런데 인간관계에서도 간음은 이 영적 간음과 연결된다. 그 이유를 묵상해 보자.

4. 하나님보다 더 사랑하는 것이 있다면 그것이 자식이든 돈이든 무엇이든 우상이 된다. '질투하시는' 하나님이 우리를 사랑하시면 그 우상을 깨뜨리신다. 내 삶에서 그런 우상이 무너진 경험이 있다면 이야기해 보자.

5. 지금 자신의 기도를 점검해 보자. 어떻게 정욕으로 구하는 기도와 성령으로 구하는 기도를 분별할 수 있을지 생각해 보고, 지금 자신의 기도를 보완 또는 수정해 보라. 많은 변화가 있다면 이야기해 보자.

교만에서 벗어나는 방법

'더 큰 은혜'를 구하라

이 땅에서 육신을 갖고 사는 성도가 어떻게 본성적인 욕망을 극복하여 샬롬을 누릴 수 있을까? 그 비결은 세상보다 "더 큰 은혜"(4:6)를 아는 데 있다. 세상을 사랑하는 것보다 하나님의 거룩한 신부가 되는 것이 더 기쁘고 행복하다는 것을 깨닫기만 하면 된다. 우리는 하나님을 사랑한다고 말하지만 실은 하나님보다 더 사랑하는 것이 많다. 그 이유는 나를 향한 하나님의 뜨거운 사랑을 제대로 느낀 적이 없기 때문이다. 마찬가지로 우리가 하나님보다 세상을 더 사랑하는 이유는 하나님이 주시는 더 큰 만족을 누리지 못했기 때문이다.

다윗이 오직 한 가지 가장 바라는 것은 "내 평생에 여호와의 집에 살면서 여호와의 아름다움을 바라보며 그의 성전에서 사모하는 그것"(개역개정 시 27:4)이라고 한 이유가 무엇인가? 다윗은 하나님의 임재 가운데 있을 때 가장 행복하다는 것을 아는 사람이다. 하나님의 은혜가 그 무엇보다도 더 크다는 것을 알기 때문이다.

하나님이 세상보다 '더 큰 은혜'를 주시는 이유는 무엇인가? "교만한 자들을 물리치시고, 겸손한 사람들에게 은혜를 주"(4:6)시기 위함이다. 하나님은 자신을 낮추는 경건한 자에게 은혜를 부어 주심으로써 세상의 지혜로 부를 쌓아 교만해진 자들을 낮추신다. 하나님은 "거만한 자를 비웃으시며 겸손한 자에게 은혜를 베푸시"(개역개정 잠 3:34)는 분이다.

그런데 야고보가 '질투' 다음에 '교만과 겸손'이라는 화두를 던지는 이유는 무엇인가? 겸손은 하나님의 뜻을 따르기 위해 자기 욕망을 억제하여 형제와 화평을 도모하고 한마음으로 하나님을 사랑하기로 결심하는 성품이기 때문이다. 그것은 마치 부부가 서로 맞지 않는 부분이 있더라도 사랑하기로 결단하는 것과 같다. 그래서 ① 질투와 ② 세상의 지혜와 ③ 경쟁적인 성향이 하나이고, 반대로 ① 겸손과

② 하나님의 지혜와 ③ 화평을 추구하는 성향이 하나로 연결돼 있다.

더 능력 있어야, 더 높이 올라가야, 더 힘이 생겨야, 더 능력 있고 더 힘이 센 세상과 친구를 맺을 수 있다. 그래서 세상과 친구 되려는 것은 곧 자신이 더 높아지려는 욕망이면서 동시에 하나님 앞에서 교만한 모습이다. 인간은 누구나 교만이라는 각자의 바벨탑을 쌓아 올리고 있다. 그러니 세상과 친구 되는 것은 교만의 욕망이며, 이는 곧 하나님과 원수 되는 길이다. 나는 어떤 영역에서 바벨탑을 쌓고 있는지 겸손히 성령님께 가르쳐 달라고 기도하자.

겸손이 능력이 되는 이유

우리가 자꾸 세상을 기웃거리는 이유는 '더 큰 은혜'가 무엇인지 모르기 때문이다. 오직 하나님만 의지하겠다는 거룩한 자존심을 세우자. "힘있는 고관을 의지하지 말며, 구원할 능력이 없는 사람을 의지하지 말아"(시 146:3)야 한다. 이스라엘 백성이 가나안 족속들의 화려한 철기 문명을 기웃거리다가 급기야 자기들도 그런 왕을 갖게 해달라고 요청했다. 하지만 그것은 사실상 하나님이 왕이심을 거부한 것이다. 하나님의 통치 아래 있는 것이 더 큰 은혜라는 것을 깨닫지 못했기에 가나안의 화려한 농경문화에 현혹되어서 그들처럼 살고 싶다는 세속적인 욕망에 빠져든 것이다.

이스라엘이 그렇게 해서 구한 왕 사울은 "다른 사람들보다 어깨 위만큼은"(삼상 10:23) 더 큰 인물이었다. 하지만 그런 사울에 열광한 이스라엘은 오히려 길을 잃어버렸고, 사울 자신은 자기보다 훨씬 더 큰 골리앗을 만나 전의를 상실해 버렸다. 큰 용사를 바랐더니 더 큰 용사를 적으로 만나는 것처럼, 큰 성공을 좇으면 더 큰 성공 앞에서 실망할 것이다. 사울이 처음에는 형통한 것 같았지만 그의 최후가 어떠했는지 잊지 말자. 사울과 이스라엘의 모습이 바로 세상의 욕망 시스템에 편승하는 사람들이 맞게 될 실패의 단면이다.

반면 다윗은 "하나님 곧 만군의 주님의 이름"(삼상 17:45)으로 골리앗을 죽였다. 우리는 사울과 다윗의 비교에서 하나님의 마음이 어디에 머무시는지 알 수 있다. 우리가 하나님의 마음을 사로잡는 것이 인생 최대의 목표가 될 때 하나님은 세상이 줄 수 없는 "더 큰 은혜"를 주심으로써 교만한

전신희행

자들을 물리치신다. 세상의 성공과 성취를 추구하는 교만한 삶이 아니라 어린 나귀를 타고 오신 '겸손의 왕' 예수님처럼, 겸손으로써 하나님께 복종하고 마귀를 대적하는 사람이 진정한 성취와 만족에 이를 수 있다.

야고보가 말하는 겸손은 단지 타인 앞에서 자신을 낮추는 겸양지덕이 아니다. 세속적인 도덕을 초월하는 영적 개념을 말하는 것이다. 진정한 겸손이란 하나님의 뜻에 순종하는 것이다. 그래서 '하나님께 복종하고 악마를 물리치면 악마는 달아날 것'(4:7)이다. 즉 겸손이란 윤리적인 겸양이 아니라 하나님께 완전히 복종함으로써 마귀를 대적할 수 있는 능력이며, 그 결과는 진정한 평강을 누리는 것이다. 우리는 지금 거룩한 영적 전쟁에 임하고 있다. 우리는 사명 공동체이며, 결국 기도 전쟁을 치르고 있는 것이다.

교만에서 욕망이 자라난다

만일 우리가 기도를 나의 욕망의 성취 과정으로 이용한다면 그것은 세상의 지혜를 추구하고 있는 것이다. 우리는 왜 교회를 다니면서도 이런 욕망을 추구하는 것일까? 세상과 친구가 되고자 하기 때문이다. 세상과 친구 되어 향유할 수 있는 힘과 권력과 지식과 번영과 성공에 크게 고무되었기 때문이다. 한마디로 교만해졌기 때문이다.

목회자들도 인맥을 이용하고 어떻게든 지역별로 연합체를 만들고자 한다. 그런데 그 연합이 말씀과 선교 비전을 위한 순수한 동기인지, 아니면 서로 안전망을 만들려는 노력인지 살펴봐야 한다. 세상 사람들은 힘 있는 사람들과 네트워크를 만들어서 자기 자리를 공고히 함으로써 미래를 보장받고자 최선을 다한다. 우리의 삶이 이런 세상의 방식을 따르고 있지 않은지 돌아보아야 한다.

세상과 친구 되고자 하는 것은 세상의 성공과 번영에 크게 고무되고 있는 연약한 욕망에 다름 아니다. 이 연약함의 뿌리가 바로 교만이다. 자기 힘으로 바벨탑을 쌓아 스스로 높아지려는 교만에서 비롯된 것이다. 자랑할 만한 실력이 있어야 세상 사람들이 따르기 때문이다. 그래서 성도들도 자녀를 세상의 시스템 위에 공고히 세우기 위해 안간힘을 쓴다.

야고보는 세상과 친구 되면 하나님과는 원수 된다고 단호히 선을 긋는다. 세상 속에 살면서 어떻게 세상이 주는 당근의 유혹에서 벗어날 수 있을까? 하나님의 더 큰 은혜

전신희행

를 알고 맛보면 된다. 하나님의 은혜가 얼마나 달고 오묘한 지를 깨닫는다면, 우리는 세상이 약속하는 시시한 것들에 미동하지 않을 수 있다.

이렇게 '더 큰 은혜'라고 하는 다분히 초월적인 세계에 맞닿아 있는 사람들은 겸손하다. 이들은 다툼과 전쟁을 불사할 정도로 경쟁하는 세상 시스템에 편승하지 않고, 오히려 어둠의 권세에 대적하여 말씀을 따른다. 겸손이란 바로 이런 것이다. 지존하신 예수님은 겸손하게 어린 나귀를 타고 오셨다. 예수님은 나귀를 타신 겸손의 왕이시다. 그분은 겸손의 왕으로 오셔서 십자가에 오르셨다. 그리고 모든 대적의 세력을 그분의 죽으심으로 궤멸하셨다. 이로써 샬롬이 선포되었다. 그래서 예수님은 "평화의 왕"(사 9:6)이 되시는 것이다.

언제 하나님이 높여 주시는가

이제 욕망의 사슬로부터 벗어나자. 세상과 친구 되는 삶을 종료하고 하나님께 복종하는 삶을 살자. 이 초월적 삶이 어떻게 가능할까? 그 방법은 "하나님께로 가까이 가"는 것이다. 그러면 "하나님께서 가까이 오실 것"이다(4:8). 겸손은 하나님께 복종하고 마귀를 대적하는 것이며, 그 결과 하나님과 친밀한 친구가 되는 것이다.

우상숭배는 죄의 핵심이다. "죄인들이여, 손을 깨끗이 하"(4:8)라는 것은 하나님께 의지하지 않고 자기 바벨탑을 쌓으려는 교만에 대한 경고다. "두 마음을 품은 사람들이여, 마음을 순결하게 하"(4:8)라는 권고 역시 교만해져서 스스로 힘 있는 자가 되려는 자기숭배에 대한 경고다.

반면 "괴로워하십시오. 슬퍼하십시오. 우십시오. 여러분의 웃음을 슬픔으로 바꾸십시오. 기쁨을 근심으로 바꾸십시오"(4:9)라고 한 이유는, 우울증에 빠지라는 말이 아니라 철저하게 "주님 앞에서 자신을 낮추"(4:10)라는 의미다. 그래야 "주님께서 여러분을 높여 주실 것"(4:10)이기 때문이다.

한나의 경우가 그러하다. 한나는 불임이라는 절망에 빠져 있을 때, 자기 문제를 인간의 힘으로 해결할 수 없음을 인정했다. 그리고 하나님만 의지함으로써 절망을 희망으로 반전시켰다. 하나님 "나에게서 슬픔의 상복을 벗기시고, 기쁨의 나들이옷을 갈아입히"(시 30:11)시는 분이다. 하나님 앞에서 자신을 낮춘 한나는 결국 "내 마음이 여호와로 말미암아 즐거워하며 내 뿔이 여호와로 말미암아 높아졌"

(개역개정 삼상 2:1)다는 고백을 한다.

나의 욕망을 십자가에 못 박고 하나님 뜻에 복종하는 겸손이 있을 때 비로소 하나님이 나를 높이실 것이다. 이렇게 하나님이 높여 주실 때만 나의 목마름이 해소될 수 있다. 궁극적인 만족은 오직 하나님으로부터 비롯되기 때문이다. 하나님이 우리를 높여 주실 때 진정한 만족과 기쁨을 맛볼 수 있다. 이것만이 참된 성취다.

비판자의 은밀한 욕망

야고보는 이제 겸손과 대척점에 있는 교만을 이야기한다. 세상과 친구 되는 것은 단순히 문화적인 문제가 아니다. 그것은 자신이 하나님 역할을 대신하려는 욕망에서 비롯된 교만이다. 어떤 사례들이 이런 교만에 뿌리를 두고 있는지 살펴보자.

첫째, 비방은 교만에서 비롯된다. "자기 형제자매를 헐뜯거나 심판하는 사람은, 율법을 헐뜯고 율법을 심판하는 것"(4:11)이다. 남을 비판하는 것은 하나님이나 하나님이 주신 율법을 대신해 스스로 입법자와 재판관이 되는 것이다.

그렇게 "율법을 심판하면… 율법을 행하는 사람이 아니라 율법을 심판하는 사람"(4:11)이 되는 것이다. 그래서 야고보가 "도대체 그대가 누구이기에 이웃을 심판합니까?"(4:12)라고 한탄한 것이다.

결국 남을 판단하는 행위는, 하나님이 아닌 자기 자신을 기준으로 삼는 것이기 때문에 하나님에 대한 월권이다. "율법을 제정하신 분과 심판하시는 분은 한 분"(4:12)이시다. 심판자는 오직 하나님 한 분이시다. 하나님만 "구원하실 수도 있고, 멸망시키실 수도"(4:12) 있다.

사실상 남을 헐뜯는 습관은 율법의 선한 본질에 근거한 것이 아니라, 자신의 우월성을 드러내려는 율법주의적인 태도다. 이러한 교만의 욕망을 앞에서 '가상적 유능감'이라고 말한 바 있다. 실제로 자신이 월등한 게 아니라 남을 깎아내림으로써 상대적으로 자신을 우월해 보이게 하려는 못된 전략이다.

그런데 남을 비방하고 판단하는 일이 성도들 사이에서 자주 일어난다. 하나님 앞에서 교만의 대표적인 사례다. 교회 안에서 이런 월권행위가 은밀하게 자주 일어나고 있다. 하나님은 "중심(레바브, לֵבָב)을 보"(개역개정 삼상 16:7)시는 분이다. 사람의 비판이 그럴듯해 보일지라도 비판자의 마음의 뿌리가 어떤 욕망에서 기인하는지, 하나님은 잘 아신다. 누

전신희행

군가를 판단하고자 하는 우리 마음의 근본부터 바꾸기 위해서는, 나의 주권을 하나님께 이양해야 한다.

주권을 하나님께 이양하자

둘째, 하나님의 뜻보다 자기 계획을 앞세우려는 것이 교만이다. 누군가가 "오늘이나 내일 어느 도시에 가서, 일 년 동안 거기에서 지내며, 장사하여 돈을 벌겠다"(4:13)고 자기 길을 스스로 계획했다고 하자. 하지만 인간은 "내일 일을 알지 못"(4:14)하기 때문에 나의 욕망대로 세운 계획은 허사가 될 수 있다.

우리는 하나님께 순종하겠다면서도 마음속으로는 자기 계획으로 가득하다. 하나님께 묻지 않고 임의대로 계획을 세우면 안 된다. 주의 종도 마찬가지다. 인간의 눈에 합리적으로 보이는 대로 계획하는 것은 경영이지 목회가 아니다. 겉으로는 주의 일처럼 보일지라도, 말로는 하나님의 뜻대로 행한다 할지라도, 그 뿌리가 하나님께 대한 순종에서 비롯된 것인지 인간의 자기 구상인지 하나님은 아신다.

인간은 "잠깐 나타났다가 사라져 버리는 안개"(4:14)에 지나지 않는다. 우리는 내일 일도 예측할 수 없다. 이런 허망함에서 벗어나는 길은 오직 지극히 높으신 영원한 하나님을 내 인생의 주인으로 의지하는 수밖에 없다. 삶을 주관하시는 분은 오직 하나님이다. 그래서 모든 일상에서 하나님의 뜻을 우선시해야 한다.

우리는 오직 "주님께서 원하시면, 우리가 살 것이고, 또 이런 일이나 저런 일을 할 것이다"(4:15)라고 고백해야 한다. 어떻게든 나의 계획이 하나님의 뜻에 일치해야 한다. 하나님의 주권을 마음으로 인정하는 성도는 허탄한 꿈을 꾸며 세상과 친구 되려고 하지 않는다. 오직 주님의 뜻이라면 어떤 부르심도 어떤 길도 순종하며 나아갈 것이다.

셋째, 자랑은 교만이 가시적으로 드러난 현상이다. 그러나 "자랑은 다 악한 것"(4:16)이다. "사람이 해야 할 선한 일이 무엇인지 알면서도 하지 않으면, 그것은 그에게 죄가"(4:17) 된다. 여기서 말하는 '선'은 도덕적으로 착한 일이라기보다 근본적으로 하나님을 인정하고 순종하는 것을 말한다. 그런데 하나님의 주권을 인정한다면 내가 무엇인가를 성취했다고 자랑할 수 있는 건 아무것도 없다.

전신희행

묵상 포인트

1. 야고보가 4장 6절에서 말한 '하나님께서 주시는 더 큰 은혜'는 어떤 것이라고 생각하는지 묵상해 보자.

2. 세속적인 욕심을 부리려다가도 하나님의 더 큰 은혜를 생각하면 유혹을 물리칠 수 있다. 이런 경험이 있다면 이야기해 보자.

3. 남을 정죄하는 것은 그 영역에서 자신의 우월감을 확인하고자 하는 숨은 마음 때문이다. 내가 누군가를 헐뜯은 일이 있다면, 그것이 하나님 앞에서 왜 교만이 되는지 그 이유를 묵상해 보자.

4. 내가 하나님의 뜻이라고 생각하고 어떤 일을 계획했는데 그게 실은 나의 계획이었다는 것을 깨달은 경험이 있다면, 이야기해 보자.

5. 내가 마음속으로 또는 사람들 앞에서 자랑하는 게 있다면 무엇일까? 나의 자랑은 그 뿌리가 어디에서 비롯되었는지 생각해 보자.

5부

인내하라

팬데믹 시대를 경험한 지금 야고보서를 묵상하는 것은 큰 축복이다. 추상적인 믿음 생활과 무의미한 종교 생활을 종결할 때가 왔기 때문이다. 눈에 보이는 성전처럼, 우리 믿음도 구체적으로 드러나고 입증되어야 한다. 야고보서를 세 부분으로 나누면, 서론은 '시험'으로 시작한다. 현실에서 이러저러한 모습으로 맞닥뜨리게 되는 당황스러운 사건 사고가 모두 시험이다.

그 모든 시험을 야고보는 "더할 나위 없는 기쁨으로 생각하"(1:2) 라고 말했다. 시험 앞에서 불신자는 자기 욕망에 더 집착하게 되는 반면, 신자는 인내를 통해 오히려 하나님의 성품을 낳게 된다. 그래서 성도의 믿음은 시험을 어떻게 받아들이느냐에 달려 있다.

본론은 믿음이 구체적인 행함으로 입증되어야 한다는 주장이다. 본론이 매우 긴데(1:19-5:6), 그만큼 실천을 강조하려는 야고보의 마음이 드러난다. 그러나 "의심하는 사람은 마치 바람에 밀려서 출렁이는 바다 물결"(1:6) 같다. 야고보의 이행칭의는 결코

전신희행

이신칭의를 반대하는 게 아니라 당연한 전제로서 믿음을 두고 행위를 강조한 것이다. 야고보의 행함은 믿음과 상충하는 것이 아니라 믿음을 가졌다면 불가피하게 가시적으로 나타날 수밖에 없는 믿음의 구체적인 증거다.

본론에서 야고보는 자기 주관과 자기 뜻을 따라 살아가는 세속적인 태도를 경계한다. 특히 '부자'는 단지 돈이 많은 사람만을 뜻하는 것은 아니지만, 현실적으로 돈이 많을수록 세속적인 가치관에 더 휩쓸리기 쉽다. 빈부격차는 점점 더 커질 것이고, 그럴수록 세상은 더욱더 물질 숭배에 빠져들 것이기 때문이다. 그런 만큼 돈에 대한 우리의 인식은, 눈에 보이는 중요한 신앙의 척도가 될 것이다.

결론(5:7-20)은, 서론에서 언급한 시험들이 들끓는 현실에서 성도가 어떻게 살아야 하는가를 제시한다. 그것은 한마디로 주님을 기다리며 인내하는 삶이다.

인내의 영적 원리

불의한 부자를 향한 경고

야고보는 불의한 부자에게는 심판을 경고하고, 성도에게는 인내를 권면한다. 먼저 부자들은 "닥쳐올 비참한 일들을 생각하고 울며 부르짖으"(5:1)라고 충격적으로 경고한다. "닥쳐올 비참한 일들"은 '심판'을 말한다. 썩은 재물과 좀먹은 옷(5:2)이 그 증거다. "여러분의 금과 은은 녹이 슬었으니, 그 녹은 장차 여러분을 고발할 증거가 될 것이요, 불과 같이 여러분의 살을 먹을 것"(5:3)이라고 매섭게 몰아붙인다.

부자들의 삶의 형태 자체가 곧 심판을 받으리라는 경고다. 지금은 '말세'이기 때문이다. 그러나 부자들은 "세상 마지막 날에도 재물을 쌓"(5:3)고 있다. 불의로 쌓은 재물과 인내는 각각 세상과 교회에 나타나는 두 가지 큰 특징이다. 세상은 어떻게든 부를 축적하려고 혈안이 되어 있지만, 성도는 어떻게든 밀려드는 이 세속의 물결 앞에서 끝까지 인내해야 한다.

한 집사님은 전세로 살고 있는 아파트가 몇 년 만에 값이 두 배로 오르자 그때 빚을 져서라도 전세가 아니라 매매를 했어야 했다고 후회했다. 어머니 권사님이 그 말을 듣고 깜짝 놀라서 하나님이 부동산 투기를 얼마나 싫어하시는데 그런 것에 마음을 두느냐고 걱정하셨다. 너도나도 어떻게든 세상이 돌아가는 이치를 따르려는 이때에 그토록 순전하게 하나님의 마음을 살피는 성도가 있다니! 어머니 권사님은 하나님보다 재물을 더 사랑하는 마음이 딸에게 머물러 있을까 봐 걱정하셨던 것이다. 오랫동안 한국은 부동산 붐으로 몸살을 앓았다. 우리가 투기 목적으로 부동산에 뛰어든 것이 아니더라도 사탄은 그것을 통해 우리의 욕망을 계속해서 자극하기 때문에 성도는 거기에 저항하기 위해 예민하게 깨어 있어야 한다.

하나님을 향한 성도의 올바른 태도는 믿음이다. 그런데 믿음은 재물을 선하게 사용하는 행함으로 드러난다. 반면 하나님을 경외하지 않는 부자가 축적하는 부는 그 출처가 악할 수밖에 없다. "밭에서 곡식을 벤 일꾼들에게 주지 않고 가로챈 품삯이 소리를 지르"고 "그 일꾼들의 아우성 소리가 전능하신 주님의 귀에 들어"(5:4)간다. 이처럼 불의한 재물은 심판을 자초한다. 그래서 불의한 부자는 "이 땅 위에서 사치와 쾌락을 누렸으며, 살육의 날에 마음을 살찌게"(5:5) 한다.

마음이 '가난해야' 복을 받는다. "하늘나라가 그들의 것이다"(마 5:3). 하나님 말고는 의지할 데가 없어 오직 하나님께 부르짖는 사람이 마음이 가난한 자들이다. 반대로 '마음이 살찐' 사람은 하나님이 필요하지 않다고 생각하는 교만한 자들이다. 그래서 그들은 직간접적으로 불의한 재물을 쌓아도 개의하지 않는다. 그러나 불의한 재물은 의인의 희생 위에 축적되게 마련이어서 심판받을 수밖에 없다.

"살육의 날"이라는 자극적인 표현은 종말의 심판을 가리킨다. 불의한 부자는 단순히 축적으로 끝나지 않고 "의인을 정죄하고 죽"(5:6)이는 죄도 범한다. '의인'이란 사회적인 영웅을 가리키는 게 아니라 말씀의 만나를 양식 삼아 하루하루 하나님의 뜻을 따라 살아가는 성도를 가리킨다. 그런 의인들은 세상의 불의한 시스템에 편승한 부자들에게 착취당

전신희행

해 죽음으로 내몰려도 "대항하지"(5:6) 못하고 있다.

언제까지 인내해야 하는가

야고보서는 '인내하는 삶'에 대한 이야기다. 첫째, 특히 억울한 고난을 맞을 때 어떻게 해야 할까? 인내해야 한다! 서론에서 야고보는 "믿음의 시련이 인내를 낳는다"(1:3)고 했다. 성도는 인내력을 발휘하여 "완전하고 성숙한 사람"(1:4)이 되어야 한다. 시험 앞에서 원망과 불평, 또는 자포자기 등으로 좌충우돌하지 말고 믿음으로 인내하면 특별한 신적 성품을 이루게 된다.

1장에서 설명한 내용을 복습해 보자. "인내를 온전히 이루라"(개역개정 1:4)를 직역하면 '인내가 온전한 일을 얻도록' 하라는 뜻이다. 믿음의 연단으로 우리가 인내를 얻는데, 그 인내가 온전한 일을 만들어 간다. 그런데 '온전함'은 하나님의 성품이자 본성이다. 온전함이란 완전하게 된 결과다. '온전'은 히브리어 '타밈'을 번역한 것인데, 하나님의 온전하심을 묘사하는 표현이다. '온전한'을 뜻하는 '텔레이오스'의 동사 '텔레오'는, 예수님이 십자가 위에서 숨을 거두기

전에 "다 이루었다"(요 19:30)고 말씀하신 바로 그 단어다.

인내가 없다면 온전한 일을 이뤄 나갈 수 없다. 하나님이 이루시는 '온전한 일'은 오직 인내를 통해 얻는 완벽한 결과다. 완벽은 사람에게서 기대할 수 있는 게 아니다. 사람이 이를 악물고 투쟁해서 얻을 수 있는 게 아니다. 예수님은 "하늘에 계신 너희 아버지께서 완전하신 것같이, 너희도 완전하여라"(마 5:48)고 하셨다. 우리의 온전함은 하나님의 온전하심에 우리가 동참함으로써 가능해지는 것이다. 예수 그리스도의 구원과 심판에 참여하는 것이 그 온전함을 이루는 일이다.

둘째, 그러면 언제까지 인내해야 할까? "주님께서 오실 때까지"(5:7)다! 마치 농부가 "이른 비와 늦은 비가 땅에 내리기까지 오래 참으며, 땅의 귀한 소출을 기다"(5:7)리는 것과 같다. 직역하면 '주님의 임재 때까지'이다. 여기서 '파루시아'(παρουσία)는 임재, 현존, 오심, 강림 등을 의미하는데, 마지막 재림도 포함한다. (성령 충만으로 지금 나에게 주님이 임재하시는 것을 가리키며, 심판주로 오시는 마지막 재림도 의미한다. 그런데 이 단어를 오직 후자의 재림으로만 번역하면 왜곡된 종말론에 빠지므로 주의해야 한다.)

성도의 인내는 철저한 노력이 만들어 내는 자기 통제가

전신희행

아니라 주님의 '파루시아'와 관련이 있다. 초기 교회 성도들은 오순절 성령 강림을 통해 공동체 전체가 주님의 다시 오심을 경험한 바 있다. 주님의 다시 오심은 지금 우리에게도 일어나고 있으며, 이 다시 오심은 최종적으로 마지막 재림 때 완성된다. 그렇다면 우리는 기도와 예배 가운데 주님의 현존을 경험함으로써 종말 감각을 갖게 되는 것이다. 종말 감각은 곧 우리를 사명자로서 인내하는 삶을 충분히 감당하게 해준다. 주님의 다시 오심을 경험하는 성도들은 더욱 기도 전쟁에 전념하지 않을 수 없게 된다.

새벽기도와 철야예배는 물론 주중 예배까지 빠지지 않는 집사님이 있다. 집사님은 직장에서 생긴 문제들을 자기 힘으로는 도저히 돌파할 수 없음을 깨닫고 기도 전쟁에 뛰어들었는데, 어느 날 문득 특별한 문제가 없는데도 계속해서 새벽기도를 빠지지 않는 자신을 발견했다. 집사님은 하나님이 고난을 허락하신 것은 이렇게 평안할 때도 주님을 찾고 의지하는 사람이 되게 하기 위함임을 깨닫고 더욱 감사하게 되었다고 고백했다. 하나님이 사랑하는 자녀를 기도와 인내로 시험을 통과하도록 하시는 것은 마치 세공사가 원석을 다듬어 보석으로 만들어 가는 것과 같다.

왜 인내해야 하는가

불신자들 중에도 자신이 목적하는 바를 얻기 위해 오래 인내하는 사람들이 있다. 그것은 부단한 자기관리의 결과로 잘 참는 것이지만, 그들의 마음과 영혼은 썩어 가고 있는지도 모른다. 성도가 인내해야 하는 이유는 무엇인가? "주님께서 오실 때가 가깝"(5:8)기 때문이다.

성격적으로 잘 참는 것과 주님 오심을 기다리는 것은 다르다. 겉보기에는 둘 다 인내심이 강한 것처럼 보일지라도 본질적으로 다르다. 오래 참는 걸 잘하는 불신자들도 많다. 인간적인 노력으로 인내하는 것과 '파루시아'를 기다리는 인내는 하늘과 땅만큼이나 차이가 크다.

성도의 인내는 재림과 관련이 있다. 여기서 야고보의 어법이 특이한데, 다시 생각해 보자. 야고보가 인내해야 한다고 말했다. 그럼 언제까지 인내해야 하는가? 강림하실 때까지다. 그런데 왜 인내해야 하는가? 강림하실 때가 가깝기 때문이다. 인내해야 하는 이유와 목표가 모두 '파루시아'에 있다. 인내가 가능한 것은, 우리 마음이 주님의 임재로 가득 찼기 때문이다. 그러므로 내 삶의 목적이 주님 오심을 이루는 것일 때, 인내를 온전히 이룰 수 있다.

결혼하고 돈 벌고 아이 키우는 목적이 주님 오심에 있어야 한다. 돈 많은 배우자를 만나고 남보다 더 잘되는 데 혈안이 되어 승진과 돈, 명예와 성공에 열광하고 있다면, 아무리 교회를 열심히 다녀도 '주 오심'과 관계없는 삶을 살고 있는 것이다. 우리의 우선순위는 '주 오심'에 있어야 한다. 그래서 성경의 마지막 구절은 "내가 곧 가겠다"는 주님의 말씀과 "오십시오, 주 예수님!"이라는 성도의 대답으로 구성돼 있다(계 22:20).

야고보가 주님의 오심이 '가까이 다가왔기'(5:8) 때문이라고 할 때, 이 헬라어 동사 '엥기조'(ἐγγίζω)의 시제는 현재완료다. 주 오심은 이미 이르렀다. 야고보의 마음속에 주님은 이미 오셨다. 주님의 제자라면, 그의 심상에는 온통 주님의 오심으로 들끓어야 마땅하다. 성도의 삶에서 가장 중요한 인식이 이 주의 다시 오심이며, 성도는 주의 다시 오심을 반복적으로, 계속, 더 자주 경험하다가 결국 주님의 최종 재림으로 다시 오심을 완성해야 한다. 주님의 마지막 다시 오심은 곧 최종 구원이요 심판의 날이다.

따라서 인내는 주님 오심이 가깝다는 것을 알기에 기다리는 것인데, 여기에는 최종 구원과 심판을 바라는 마음을 포함한다. 우리 삶의 목적이 곧 주님의 최종 구원과 심판이다. 신적인 시간이 우리 삶 속에 작용하고 있을 때, 내 안에 인내라는 신적 성품이 온전하게 이뤄지는 것이다.

불평과 원망에서 벗어나라

"심판을 받지 않으려거든, 서로 원망하지"(5:9) 말아야 한다. '파루시아'는 곧 심판이 이뤄지는 것이다. 나의 말이 사납고 마음 씀씀이가 인색하다면, 심판이 가까이 이르렀음을 떠올리자. 마음에 모락모락 일어나는 불평의 씨를 없애야 한다. 고단한 현실을 살아가는 우리에게 어려운 일이 없을 수는 없다. 그렇다고 고통의 책임을 다른 데서 찾는 것은 위험하다. 정부나 사회 시스템을 탓하는 것은 매사에 모든 책임을 전가하는 습관이 몸에 배어 있기 때문이다. 옳고 그름을 인식하는 것과 희생양을 찾으려는 태도는 구분해야 한다.

내 안에 해결되지 않은 불편한 마음의 원인을 아내나 남편, 자식이나 동료들에게서 찾으려는 습성을 버려야 한다. 심판주가 문 앞에 계시다는 것을 인식한다면 이런 문제에 감정을 낭비할 시간이 없다. 주님의 오심을 인식하는 성도

는 그 마음이 주님을 경외하는 마음으로 가득 차 있기 때문
이다.

여러 가지 갈등 상황에서 남을 탓하는 데 에너지를 쏟다
보면 내 안에 원망이 끊임없이 솟구친다. 그래선 결코 어두
움이 물러가지 않는다. 성도가 불평하지 않을 수 있는 능력
은 어디서 올까? "심판하실 분께서 이미 문 앞에 서 계"(5:9)
신다는 인식에서 온다. 주님이 내 앞에 계신데 어찌 불평불
만을 할 수 있겠는가.

습관이 된 미움과 원망의 정서가 갑자기 사라질 수 있
는 비결은 심판주가 눈앞에 있다는 자각을 하는 데 있다.
이때 '서 있다'는 동사 '히스테미'(ἵστημι)의 시제도 현재완료
다. '파루시아'는 이미 다가왔고, 심판주가 이미 문 앞에 서
계신다! 야고보는 지금 심판의 도래를 눈앞에서 생생히 보
고 있다. 이렇게 현재에 있으면서 미래를 보는 것이 성도의
시각이며, 이것이 바로 성령 충만하다는 증거다.

그래서 성령 충만한 성도는 지금 고난 속에 있을지라도
기뻐할 수 있다. 이 세상에 반드시 재림의 종말 심판이 있
는 것처럼, 우리가 지금 겪고 있는 사건 사고들도 하나님의
때가 되면 심판이 이뤄질 것이다. 심판은 곧 우리의 구원이
다. 하나님은 지금도 심판과 구원을 모두 이루고 계신다.

그렇게 볼 때 우리에게 고난은 하나님이 지금 일하고 계시다는 영적 감각이 깨어나는 시간이며 그것을 훈련하는 과정이다.

인내를 가능케 하는 기쁨

주님의 '파루시아'를 자각하고 심판을 직감한다면, "주님의 이름으로 예언한 예언자들을 고난과 인내의 본보기로"(5:10) 삼게 된다. 구약의 선지자들처럼 "참고 견딘 사람은 복"(5:11)이 있는데, 그중에서도 욥이 가장 표준적인 사례다. "주님은 가여워하시는 마음이 넘치고, 불쌍히 여기시는 마음이 크"(5:11)신 분이다. 욥은 율법적으로 의로운 자였지만 자녀, 재물, 건강을 모두 잃는 고통을 통과하고 난 후에는 한 단계 더 업그레이드되어 율법에서 자유로운 의인으로 거듭났다.

하지만 가장 탁월한 인내의 본보기를 보여 주신 분은 예수님이다. 예수님이 산상수훈의 팔복 가운데 마지막으로 하신 말씀이 바로 "나 때문에 모욕을 당하고, 박해를 받고, 터무니없는 말로 온갖 비난을 받"(마 5:11)는 자가 받는 복이

　　　　　　　　　　　　　　　　　전신희행

다. 이렇게 억울한 박해를 당할 때 예수님은 "기뻐하고 즐거워하여라"(마 5:12) 명하셨다. "예언자들도 이와 같이 박해를 받았"(마 5:12)으며, 그들처럼 우리도 하늘에서 받을 복이 클 것이다.

고난 앞에서도 하나님을 바라는 열망으로 참을 때 복을 받는다. 그 결과는 온전한 인내를 통해 하나님의 뜻이 이뤄지는 것이다. 그러니 "믿음의 창시자요 완성자이신 예수를 바라"(히 12:2)보아야 한다. 예수님은 "자기 앞에 놓여 있는 기쁨을 내다보고서, 부끄러움을 마음에 두지 않으시고, 십자가를 참으셨"(히 12:2)다.

예수님이 인내의 최고 본이 되신 이유는 무엇인가? 바로 '기쁨' 때문이다. 심판주로서 하늘 보좌에 앉으실(히 12:2) 기쁨으로 인하여 십자가 수치를 참으실 수 있었다. 참혹한 십자가의 고통 가운데서도 예수님의 내면은 하나님의 영광이라는 기쁨으로 충만했기 때문에 대속의 죽음을 감당하실 수 있었다. 인내는 이렇게 하나님의 영광을 바라는 신적 감정과 정서여야 한다.

묵상 포인트

1. 불의한 축적을 보면 분노하게 되는데, 누군가를 정죄하는 죄를 짓지 않으면서 억울한 마음을 극복할 수 있는 길이 무엇인지 생각해 보자.

2. 고난을 당했을 때 원망과 분노로 견딘 적이 있는지, 또는 인내로 극복해서 승리를 경험한 적이 있는지 이야기해 보자.

3. 야고보도 예수님이 문 앞에 이미 서 계시다고 했고, 요한도 예수님이 이미 문 밖에서 문을 두드리고 계시다고 했다. 주님의 오심을 경험한 적이 있다면 이야기해 보자.

4. 욥이 친구들의 정죄로 받은 상처를 어떻게 극복했는지, 또는 예수님이 십자가 고난을 이겨 내신 이유는 무엇인지 묵상해 보자.

10

구원과 심판의 통로

변명하려 들지 말라

그런데 갑자기 야고보는 "하늘이나 땅이나 그밖에 무엇을 두고도 맹세하지 마십시오"(5:12)라고 경고한다. 고난을 참고 인내하는 것과 맹세가 무슨 관계일까? 성경은 우리의 본성을 아주 잘 알고 있다. 앞서 고난을 잘 인내하는 것은 주의 오심을 소망하고 기다리는 마음이라고 했다. 위를 바라보며 인내하는 것은, 하나님의 섭리를 이해하고 성령님의 도우심을 의지하는 경향성이다. 주님 오심을 기다리는 것은 곧 심판을 기다리는 것이기에, 전적으로 하나님을 의지하는 것을 뜻한다.

반대로 맹세는 한결같이 자기주장의 정당함과 자기 의

를 강조하는 경향성을 말한다. 조금이라도 자기 뜻대로 이루어지지 않으면 자신을 변명하는 데 모든 에너지를 쏟는다. 자신의 의를 증명하기 위해 많은 시간을 할애한다. 하지만 그것은 하나님의 의가 아니라 자기 의를 드러내기 위함이다. 이런 자기 정당화의 뿌리는 자기 숭배다. 이것이 야고보가 맹세를 경계하는 이유다.

맹세는 자기 능력과 자기 확신을 내세우는 것이기에 온통 자기에게 초점을 두는 태도다. 주님의 뜻이 이뤄지기를 바라는 인내와 자기 뜻이 이뤄지기를 바라는 맹세 간에는 분명한 차이가 있다. 맹세를 쉽게 하는 사람은 자기 앞에 놓인 고난을 빨리 치워 버리고 눈앞의 문제가 하루속히 해결되기만을 바란다. 그래서 인내는 하나님을 의지하는 사람의 특징이고, 맹세는 자신을 의지하는 사람의 특징이다.

고난을 당할지라도 인내로 주님의 임재를 소망하고 하나님의 구원을 기다리며 하나님의 뜻이 이뤄지기를 바라는 사람은 그 초점이 주님께 있다. 반면 주일에 예배는 드리지만 교회 밖을 나서면 성공과 출세에만 목을 매고 있다면, 내 삶의 주인은 나 자신이다.

예수님처럼 사명자의 길을 가는 사람은 억울한 일을 당해도 변명하기보다 하나님께 엎드리는 데 시간과 에너지를

전신희행

쏟는다. 예수님처럼 묵묵히 십자가의 길을 갈 때 하나님은 부활의 생명력을 주실 것이다. 사람들에게 자신을 변명하면서 인정받고자 애쓰고 있다면 하나님보다 사람을 의지하고 있는 것이다.

그러므로 "다만, '예' 해야 할 경우에는 오직 '예'라고만 하고, '아니오' 해야 할 경우에는 오직 '아니오'라고만"(5:12) 하면 된다. 부적절한 맹세와 자기 확신은 버리자. 이렇다 저렇다 장담하려고 들거나 자신을 정당화하려고 애쓰지 말고, 그저 주님의 뜻이 이뤄지기를 간구하는 마음으로 조용히 인내하자.

인내는 기도할 때 가능하다

야고보는 끊임없이 인내의 자리로 돌아가라고 권면한다. 이는 곧 기도의 자리를 지키는 것이다. 자신을 의지하는 맹세를 버리고 하나님을 의지하는 태도는 기도하는 삶으로 드러난다. 성도는 주의 임재와 심판을 기대하며 인내하는 사람이다. 그래서 야고보는 고난 가운데 있는 사람들에게는 '기도하라'(5:13)고 말하고, 기쁨 가운데 있는 사람들에게는 '찬송하라'(5:13)고 말한다.

이 두 가지는 평소 우리의 태도를 돌아보게 한다. 우리는 어려움을 당할 때만 교회를 찾곤 한다. 그것은 진정한 신앙이 아니다. 기쁠 때도 여전히 교회를 찾아야 한다. 금요철야예배에 오시는 강사 목사님들 중에는 "여러분, 다 문제가 있어서 여기 오신 거 안다"고 말씀하시는 분이 있다. 그럴 때마다 나는 그분께 우리 성도들은 그렇지 않다고 꼭 말한다. 우리 성도들은 눈앞의 고난만 없어지기를 바라지 않으며, 하나님의 뜻이 이 땅에 이루어지기를 소망하는 사람들이라고 말해 준다. 성도는 고난이 있든 기쁨이 있든 상관없이 늘 예배를 열망하고 하나님을 의지해야 한다. 성도는 고난 중에도 성령의 힘으로 사명을 다하기를 열망해야 한다. 힘들 때는 하나님을 의지하고 기쁠 때는 하나님께 감사하는 것이 진정한 기도다.

그런데 하나님은 고난을 바로 없애시지 않고 고난 속에 있는 우리와 함께하겠다고 말씀하신다. 하나님은 다윗에게 "그가 나를 부를 때에, 내가 응답하고, 그가 고난을 받을 때에, 내가 그와 함께 있겠다. 내가 그를 건져 주고, 그를 영화롭게 하겠다"(시 91:15)고 약속하셨다.

구원받았다고 간증하는 사람들 중에는 그 간증이 예수

님을 드러내는 것인지 자기 자랑인지 헷갈리는 사람이 간혹 있다. 아무리 병이 낫고 사업이 회복되었다고 간증할지라도 그 간증의 진위는 하나님의 영광이 드러나고 있느냐에 있다. 간증이든 사역이든 드러나는 분이 하나님인지 사람인지 분별해야 한다.

생명은 자라고 성숙해 간다. 기도도 성숙해져야 한다. 다윗의 기도는 우리의 기도가 어떤 내용이어야 하는지 깨닫게 해준다. 하나님과 독대하는 자의 기도는 기복적인 간구와는 차원이 다르다. 우리도 하나님 나라가 이 땅에 이뤄지기를 간구해야지, 기도의 초점이 땅의 일로 내려와서는 안 된다.

기도의 목적은 무엇인가

우리는 병자와 죄인을 살리는 기도를 해야 한다. 만약 병든 사람이 있다면 그런 사람은 교회의 장로들을 부르고, 그 장로들은 주님의 이름으로 그에게 기름을 바르며 그를 위하여 기도해야 한다(5:14). '기름'에는 의료적인 의미보다 목회적인 의미가 있다. "믿음으로 간절히 드리는 기도는 병든 사람을 낫게 할 것"(5:15)이다. 그리고 "그가 죄를 지은 것이 있으면, 용서를 받을 것"(5:15)이다. 병의 치료와 죄 사함이 연결돼 있다.

그렇게 서로 죄를 고백하고 서로를 위하여 기도하자. 그러면 낫게 될 것이다(5:16). 질병의 문제로 기도하고 있다면 동시에 영의 문제를 위해서도 기도해야 한다. 기도의 목적은 단순히 병의 치료나 문제 해결 자체가 아니다. 진리로부터 떠난 죄인을 유혹의 길에서 돌아서게 하는 것이 기도의 목적이다. 즉 영혼 구원과 생명력 회복이 기도의 목적이다. 우리는 무엇보다도 영적 질병에 대해 기도해야 한다.

하지만 병을 단순히 죄의 결과라고 여기는 것은 자기 의에 빠진 율법주의자들의 관점이니 주의하자. 하나님이 욥에게 질병을 허락하신 이유는 사랑하는 자녀를 더욱 순전한 정금으로 만드시기 위함이다. 질병으로 인해 하나님을 원망한다면 질병은 심판이 되지만, 그로 인해 하나님께 더욱 의지한다면 질병은 구원의 통로가 된다. 질병과 같은 고난은 하나님께 더욱 가까이 다가갈 수 있는 축복의 길이 될 수 있다.

"의인이 간절히 비는 기도는 큰 효력을"(5:16) 낼 것이다. 엘리야를 보자. "엘리야는 우리와 같은 본성을 가진

전신희행

사람이었지만, 비가 오지 않도록 해 달라고 간절히 기도하니, 삼 년 육 개월 동안이나 땅에 비가 내리지 않았으며"(5:17), "다시 기도하니, 하늘이 비를 내리고, 땅은 그 열매를 맺"(5:18)게 되었다. 기도의 능력은 특별한 사람에게만 주어지는 것이 아니다. 엘리야가 우리와 똑같은 본성을 가진 사람이라는 것이 전제다. 그러니 우리도 엘리야처럼 기도할 수 있다.

간절한 기도에 대한 야고보의 표현을 직역하면 '기도'(프로슈케, προσευχη)를 '기도한다'(프로슈코마이, προσευχομαι)이다. 같은 단어를 두 번 반복해서 그 강도를 강조하는 유대 문학의 전통적인 표현법이다. 이 표현 그대로 기도가 기도를 이끌어 간다. 기도는 하면 할수록 우리를 기도하게 만든다. 기도하면 할수록 기도의 깊이가 더욱 깊어진다. 그렇게 성령님이 기도를 인도하신다면 과연 우리가 어떻게 현세적인 기복적 기도에만 머물 수 있겠는가? 그래서 더 깊은 기도를 경험하기 위해 새롭게 기도의 자리로 나아가야 한다.

열왕기상에 "삼 년이 되던 해에" 주님께서 엘리야에게 "땅 위에 비를 내리겠다"(왕상 18:1)고 하신 말씀이 나온다. 후에 예수님이 "엘리야 시대에 삼 년 육 개월 동안 하늘이 닫혀서 온 땅에 기근이 심했을 때에"(눅 4:25)라고 정확한 기간을 말씀하셨다. 야고보가 이 말씀을 의지해서 3년 반[17]이라고 말한 것이다. 이 구절은 예수님이 광야에서 악마의 시험을 이기고 "성령의 능력을 입고 갈릴리로 돌아오"(눅 4:14)셔서 공생애를 시작하시는 취임 연설에 나온다.

"하나님이 엘리야를 그 많은 과부 가운데서 다른 아무에게도 보내지 않으시고, 오직 시돈에 있는 사렙다 마을의 한 과부에게만 보내셨다. 또 예언자 엘리사 시대에 이스라엘에 나병환자가 많이 있었지만, 그들 가운데서 아무도 고침을 받지 못하고, 오직 시리아 사람 나아만만이 고침을 받았다"(눅 4:26-27).

예수님은 이 말씀을 하심으로써 엘리야 시대처럼 타락한 이 시대에 주님만 바라는 사람에게 구원을 주시겠다고, 이 땅에는 심판을 내리시겠다고 당신의 사역 목적을 선포하셨다. 세속의 욕망으로 가득한 이 땅이 심판을 면할 수 없을지라도 하나님만 의지하는 사람은 구원받을 것이다. 그 통로가 바로 기도다.

---

17 3년 반은 구약에서 "한 때(1년)와 두 때(2년)와 반 때(=3년 반)"(단 7:25)와 신약에서 '거룩한 도성이 마흔두 달 동안 짓밟히는'(계 11:2) 기간(42달 X 30일 = 1260일 = 3년 반)을 상징한다. 우리가 이 3년 반이라는 어두운 시대에 살고 있다. 3년 반은 예수님의 초림과 재림 사이의 종말 기간을 상징한다.

하나님 나라를 이루는 통로

엘리야 시대는 북이스라엘에서 가장 타락한 왕 아합과 이세벨이 통치하던 때다. 요한계시록에서 "두 증인"(계 11:3)은 율법을 대표하는 '모세'와 선지자를 대표하는 '엘리야'가 상징하는 교회를 표상한다. 그리고 아합왕을 미혹하여 바알을 섬기도록 함으로써 이스라엘을 우상숭배로 몰아넣은 이세벨 왕비는 마지막 세대에 교회를 대적하는 바벨론의 음녀 "큰 바다 물 위에 앉은 큰 창녀"(계 17:1)의 상징이다(계 2:20).

우상숭배로 타락한 시대에 에녹처럼 죽음을 겪지 않고 하늘로 들림 받은 선지자 엘리야가 하늘을 닫고 여는 엄청난 기도를 한 것이다. 이 시대는 물질 숭배에 빠진 타락한 시대다. 이 시대를 사는 우리의 기도는 개인적 욕망을 이루기 위한 단편적 수단이 되어서는 안 된다. 엘리야처럼 하늘을 여는 권세 있는 기도를 해야 한다.

누가 이런 기도를 하는가? "진리를 떠나 그릇된 길을 가는 사람이 있을 때에, 누구든지 그를 돌아서게 하는 사람"(5:19)이다. "죄인을 그릇된 길에서 돌아서게 하는 사람"(5:20)이다. 그는 "죄인의 영혼을 죽음에서 구할 것이고, 또 많은 죄를 덮어 줄 것"(5:20)이다. 마치 병든 자를 기도로 낮게 하는 것처럼, 죄에 빠진 자를 기도로 하나님께 돌아오게 해야 한다. 이것이 진정한 기도다. 기도는 단지 문제 해결이나 기적을 구하는 통로가 아니다. 기도는 심판과 구원이 있다는 것을 알려 주는 통로다.

야고보가 기도의 의미를 정확히 통찰했기에 엘리야의 기도를 '의인의 기도'로 예를 든 것이다.

요약하자면, 이 타락한 시대에 첫째, 인내해야 한다. 인내는 영적 능력이 있어서 완전한 하나님 나라를 이뤄 나간다. 둘째, 기도해야 한다. 진정한 기도에는 하늘의 문을 여는 엄청난 권세가 있다. 우리의 사명은 타락한 이 시대를 좇는 연약한 영혼들을 죽음에서 구해 내서 예수님의 구원과 심판에 동참하도록 이끄는 것이다.

예수님이 십자가 위에서 "다 이루었다"(요 19:30)고 하신 그 완벽한 일을 이루어 나가는 것이 우리의 인내와 기도다. 아합과 이세벨처럼 물질과 욕망에 취해 휘둘리는 이 세대를 구하고 어둠과 타협하지 않도록 인내하며 기도해야 한다. 그렇게 예수님의 구원과 심판에 동참하는 것이 인내와 기도의 역할이다.

이제 야고보서의 마지막 두 구절이 모든 것을 요약한다. "진리를 떠나 그릇된 길을 가는 사람이 있을 때에, 누구든지 그를 돌아서게 하는 사람"(5:19), "죄인을 그릇된 길에서 돌아서게 하는 사람"(5:20), 바로 그렇게 진리를 떠난 죄인을 그 그릇된 길에서 '돌아서게'(두 번 강조) 하는 이 사람은 단순히 육체의 병을 고치는 정도가 아니라, 하늘에서 비를 그치고 내리게 하는 정도가 아니라, 영혼을 죽음에서 구하며, 허다한 죄를 덮어 주는 엄청난 사람인 것이다.

하나님께 심판받지 않도록 예수 그리스도의 복음을 믿고 죄인이 구원을 얻게 하는 것, 이것이야말로 십자가 위에서 '다 이루었다'(테텔레스타이, τετέλεσται)를 토하셨던 예수님의 구원과 심판의 사역에 동참하는 '온전한 일'(에르곤 텔레이온, ἔργον τέλειον)이다. 이것이 우리가 행하는 모든 인내와 기도의 비전이다. '전신희행'의 길을 가는 당신은 '완전한 사람'이다(1:4).

묵상 포인트 ════════════════

1. '맹세'는 타인으로부터 자기 의를 인정받기 위해 스스로를 정당화하는 모든 노력을 상징한다. 나에게 하나님께 인정받는 것보다 사람에게 인정받기 위해 더 애쓰고 있는 점이 있는지 점검해 보자.

2. 엘리야의 기도는 3년 반 동안 비를 멈추게 했다. 나의 기도가 하나님의 구원과 심판을 대행한 적이 있다면, 그 경험을 이야기해 보자.

3. 인내는 하나님을 의지하는 자세이며, 기도가 선한 인내를 가능하게 해준다. 기도를 통해 인내의 과정을 잘 통과한 경험이 있다면 이야기해 보자.

4. 지금 나는 어떤 기도를 주로 하고 있는가? 그 기도의 궁극적인 목적은 무엇인지 깊이 묵상해 보자.

전신회행

하나님께 심판받지 않도록 예수 그리스도
의 복음을 믿고 죄인이 구원을 얻게 하는
것, 이것이야말로 십자가 위에서 '다 이루
었다'를 토하셨던 예수님의 구원과 심판
의 사역에 동참하는 '온전한 일'이다.

예수 그리스도의 심판과
구원의 대리자로서의 소금과 빛

서문에서 언급했듯이, 필자는 성도의 사명은 세상의 '소금과 빛'이 되는 것이며, 야고보서는 세상의 '소금과 빛'으로 사는 삶의 구체적인 방법론이라고 했다. 그렇다면 본서가 야고보서에 관한 글이라 마태복음의 산상수훈에서 빛나는 '너희는 세상의 소금과 빛이다'(마 5:13-14)라는 말씀의 의미를 이미 알고 있다는 전제로 시작한 셈이다. 그런데 정말 우리는 이 선언을 제대로 알고 있을까?

이 선언은 그리스도인의 정체성과 그 존재 의미를 가장 확실하게 표현하는 것 가운데 하나임에 분명하다. 그러나 우리는 대체로 '소금과 빛'의 삶을 윤리적이고 도덕적인 삶이라고 생각하는 경향이 있다. 그런 까닭에 성경의 본래 순서인 '소금과 빛'이 아닌 '빛과 소금'이라 바꾸어 부르곤 한다. 특히 '소금'의 경우, 정화(淨化)와 방부(防腐)의 기능을 떠올려 윤리적인 삶과 끼워 맞춰 해석한다. 과연 예수님은 소금의 그런 측면을 말씀하신 걸까?

원문은 이렇다. 예수님은 빛에 대하여는 '세상의 빛'(τὸ φῶς τοῦ κόσμου: the light of the world)으로, 소금에 대하여는 '땅의 소금'(τὸ ἅλας τῆς γῆς: the salt of the earth)으로 구분해서 말씀하셨다. 그리고 예수님은 빛보다 우선하여 '너희는 땅의 소금이다'라고 말씀하셨다. 성경에는 '소금'과 '땅' 사이에 선명한 의미 관계가 존재한다. 곧 소금이 등장하는 절반 이상의 구절들에서 소금은 땅을 황폐하게 하는 요인으로 제시된다. 짠맛의 바다는 악한 짐승의 처소이자 죽음의 장소로 알려져 있고, 소금 땅은 생명이 살지 못하는 죽음의 땅을 가리킨다(욥 39:6; 렘 17:6; 겔 47:11). 소돔과 고모라에 대하여 '땅이 유황이 되고 소금이 된다'(신 29:23)는 것은 완전히 멸망의 땅이 되는 것을 의미한다. 소금 땅은 여호와의 진노의 상징이었고 소금을 뿌리는 행위는 그 땅이 황무지가 될 것을 예고하는 상징적 행위로 인식되었다(삿 9:45).

이렇듯 성경적 문화권에서 소금과 땅이 결합되면 거의 부정적인 의미가 된다. 이런 언어적 전통을 잘 아는 제자들에게 예수님이 '너희는 땅의 소금이다'라고 말씀하셨다면,

그것은 부정적인 연상 곧 '땅을 황폐하게 하는 소금'을 가장 먼저 떠올리지 않을 수 없다. 그렇다면 '황폐하게 하다'는 것은 무슨 의미일까? 바로 심판이다.

'소금'(할라스, ἄλας)이 심판의 의미를 갖는다는 것은 다른 병행 구절에서도 찾아볼 수 있다. "지옥에서는 '그들을 파먹는 구더기들도 죽지 않고, 불도 꺼지지 않는다.' 모든 사람이 다 소금에 절이듯 불에 절여질 것이다"(막 9:48-49). 마가복음에서 소금은 최종적 심판의 장소인 '게헨나'(지옥)를 묘사할 때, 심판의 행위를 나타내는 동사 형태인 '소금에 절이다'(할리조, ἁλίζω)로 사용되었다. 곧 영원한 심판의 장소에서 심판의 행위를 묘사할 때 소금이 소환된 것이다. 그런데 바로 다음 구절이 이러하다. "소금은 좋은 것이다. 그러나 소금이 짠맛을 잃으면, 너희는 무엇으로 그것을 짜게 하겠느냐? 너희는 너희 가운데 소금을 쳐 두어서, 서로 화목하게 지내어라"(막 9:50). '소금'이 무려 세 번이나 나온다 ('소금'은 신약성경에서 총 8회 사용). 이때 '소금은 좋은 것이다'라는 의미는 무엇일까? 바로 소금의 짠맛이 그렇다는 것이다. 이는 앞선 구절에서 지옥의 역할과 기능을 집행하는 심판의 기능으로서의 소금을 의미한다. 즉 소금의 짠맛은 심판을 가리키는 것이다. 특히 마가복음은 소금을 너희 가운

전신희행

데 간직하고 서로 화목하게 지내라고 권고하는데, 이것은 '서로 살롬을 지키라'는 말과 같다. 성경에서 '살롬'은 언제나 거룩한 전쟁을 전제한다. 성경에서 '살롬'은 멜기세덱을 '살렘' 왕이라고 한 데서 처음 나온다(창 14:18). 살렘 왕 멜기세덱은 아브람이 그돌라오멜과 연합한 왕들을 이기고 돌아왔을 때 그를 영접하기 위해 등장한다(창 14:17). '여호와 살롬'은 엄청난 전쟁을 앞둔 기드온이 쌓은 제단의 이름이었으며(삿 6:24), 사도 바울은 사탄을 우리의 발아래 짓밟히게 하실 하나님을 가리켜 "평화의 하나님"이라고 불렀다(롬 16:20). 그렇다. 우리 안에 화목(살롬)은 악한 세력에 대한 심판을 수행하는 가운데 주어지는 것이다.

또 다른 병행 구절인 누가복음에서도 마찬가지다. 누가복음에서 '소금의 짠맛'은 전쟁의 비유에서 나오는데(눅 14:31-35), 1만의 군사로써 2만의 대적을 상대하는 전쟁에서 승리하려면 결사항전의 태도로 자기를 드려야 한다는 것이다. 이는 곧 철저한 제자도가 소금의 짠맛이라는 것이다.

예수 그리스도의 제자들은 땅의 소금과 같은 존재다. 그것은 하나님의 심판의 대행자가 된다는 것을 의미한다. 직접적인 심판자가 아니라, 철저한 제자도를 따름으로써 영원한 심판자이신 예수 그리스도의 복음을 증거하고 하나님 나라의 구원과 심판을 선포하는 사람이라는 것이다. 그러므로 우리는 하나님의 심판의 진리를 회피하거나 억지로 완화하려 해서는 안 된다. 하나님의 거룩하신 은총을 값싼 은총으로, 십자가가 사라진 은총으로, 예수 그리스도가 사라진 자기중심적 욕망으로 신앙을 세속화해선 안 된다.

그러려면 먼저 말씀이 우리 자신을 해부하고 심판하는 칼이 되도록 말씀 앞에 무릎을 꿇어야 한다. 그리고 땅을 더럽히는 모든 어둠의 세력들에 대하여 하나님의 심판을 수행하는 소금으로서 나아가야 한다. '빛'은 물론이다. 그것은 '진리'로서의 빛이다. 단순히 윤리적이고 선한 삶으로는 불충분하다. 진리(복음)를 전하고 구원을 선포하는 것이 빛으로서의 정체성을 갖는 것이다.

그리스도인은 이 땅의 소금이요, 이 세상의 빛이다. 예수 그리스도의 심판과 구원의 대리자로서의 소금과 빛이다. 이보다 더 완전한 일은 없으며 그 결국보다 완벽한 결과는 없다.

전신희행